Pluspunkt Deutsch

1a

Arbeitsbuch

Cornelsen

Pluspunkt Deutsch 1a
Arbeitsbuch
Der Integrationskurs
Deutsch als Zweitsprache

Im Auftrag des Verlages erarbeitet von
Georg Krüger und Matthias Merkelbach

In Zusammenarbeit mit der Redaktion:
Andrea Finster und Dagmar Garve (verantwortliche Redakteurinnen)
Dr. Gunther Weimann (Projektleitung)

Illustrationen: Laurent Lalo
Umschlaggestaltung und Layoutkonzept: Katrin Nehm
Layout und Technische Umsetzung: Satzinform, Berlin
Umschlagfotos: Reichstagskuppel in Berlin,
© Presse- und Informationsamt des Landes Berlin / W. Gerling
Personenfotos © Thomas Schulz

📖 13/6 Sie können diese Übung nach der Kursbuch-übung Nr. 6 auf S. 13 bearbeiten.

Bildquellen

© Cornelsen, Corel Library, S. 11 (oben), S. 12, S. 21 (4), S. 39 (1, 3, 4), S. 59; Homberg, S. 8 (3, 6), S. 11 (unten), S. 21 (2); Kämpf, S. 21 (5, 6); Perregaard, S. 30; Schulz, S. 6, S. 8 (1, 2, 5), S. 9, S. 21 (7), S. 36, S. 37 (oben, unten), S. 39 (2), S. 43, S. 46, S. 51, S. 55 (3. Reihe: 1. von links), S. 57 (Mitte, unten) – Image Bank: © de Lossy, S. 8 (4) – Superbild: © Grable/Jerrican, S. 47

Nicht alle Copyrightinhaber konnten ermittelt werden; deren Urheberrechte werden hiermit vorsorglich und ausdrücklich anerkannt.

 http://www.cornelsen.de

1. Auflage   Druck 4 3 2 1   Jahr 06 05 04 03

Alle Drucke dieser Auflage sind inhaltlich unverändert
und können im Unterricht nebeneinander verwendet werden.

© 2003 Cornelsen Verlag, Berlin

Druck: CS-Druck CornelsenStürtz, Berlin

ISBN 3-464-20929-6

Bestellnummer 209296

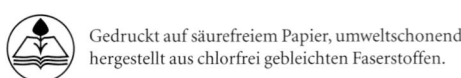 Gedruckt auf säurefreiem Papier, umweltschonend
hergestellt aus chlorfrei gebleichten Faserstoffen.

Inhalt

Vokabeln

vor   _____

Kurs, der, -e   _____

A

der/die/das   _____

Alphabet, das, -e   _____

zuhören   _____

Sie   _____

und   _____

mitmachen   _____

aufschreiben   _____

Buchstabe, der, -n   _____

Name, der, -n   _____

schreiben   _____

buchstabieren   _____

Vorname, der, -n   _____

Nachname, der, -n   _____

B

wir   _____

vorstellen (+ sich _oder_ jd.)   _____

hören   _____

Dialog, der, -e   _____

Guten Morgen!   _____

ich   _____

heißen   _____

wie   _____

im (= in dem)   _____

woher   _____

kommen   _____

Ich bin aus …   _____

aus   _____

Frage, die, -n   _____

gegenseitig   _____

finden   _____

ein, eine, ein   _____

Weltkarte, die, -n   _____

Umschlag, der, "-e   _____

beantworten   _____

C

Guten Tag!   _____

Tag, der, -e   _____

Grüß Gott!   _____

Frau, die, -en   _____

Herr, der, -en   _____

Wie geht es Ihnen?   _____

danke   _____

gut   _____

Und Ihnen?   _____

Danke, es geht.   _____

hallo   _____

Wie geht es dir?   _____

zuordnen   _____

Foto, das, -s   _____

was   _____

sagen   _____

Leute, _Pl._   _____

ankreuzen   _____

Wie geht's?   _____

Willkommen in Deutschland!

A Guten Morgen!

1 Hören Sie zu und ordnen Sie die Ausdrücke in die Tabelle.

jemanden begrüßen	sich kennen lernen

Guten Tag.	Wie heißen Sie?	Wer sind Sie?	Sind Sie neu hier?
Wer bist du? Grüß Gott.	Guten Morgen.	Hallo. Hi!	Wie heißt du?

2 Ergänzen Sie den Dialog. 📖 12/2

heiße – Name – wohne – auch – Guten Morgen

Sergej Brodsky: _____ ! Sind Sie neu hier im Haus?

Ahmed Yildirim: Ja, mein _____ ist Ahmed Yildirim. Und wie heißen Sie?

Sergej Brodsky: Ich _____ Sergej Brodsky. Und wer sind Sie?

Sakine Yildirim: Ich bin Sakine Yildirim.

Ahmed Yildirim: Wohnen Sie _____ hier, Herr Brodsky?

Sergej Brodsky: Ja, ich _____ schon lange hier.

3 Satzschlangen. Schreiben Sie Sätze. 📖 13/5

wieheißensie _____ ?

werbistdu _____ ?

herzlichwillkommen _____ !

meinnameistsusanne _____ .

ichbinneuhier _____ .

ichwohneschonlangehier _____ .

4 Ergänzen Sie und beantworten Sie die Fragen. 📖 13/6

Wer – Wie – Wie – Woher

1. _____ bist du?

_____ .

2. _____ heißt du?

_____ .

3. _____ kommen Sie?

_____ .

4. _____ geht es dir?

_____ .

5 Silbenrätsel. Hören Sie zu und schreiben Sie die Wörter in die Kästchen.

1. Sie sind in … ☐☐☐☐☐☐☐☐☐☐
2. Begrüßung ☐☐☐☐☐
3. Ein Verb / Wohnung ☐☐☐☐☐☐
4. Wie ist Ihr …? ☐☐☐☐
5. Begrüßung ☐☐☐☐☐ ☐☐☐
6. Ein Verb / Name ☐☐☐☐☐☐

Deutsch		hei		ten		Tag		Na		wohn		en
	Gu		Hal		ßen		lo		land		me	

B1 Was sind Sie von Beruf?

1 Fragen und antworten Sie im Kurs. Dann schreiben Sie Sätze wie im Beispiel. 📖 14/1

1 Miroslav   2 Katja   3 Rolf   4 Dagmar

5 Uschi   6 Jannek

Was ist Miroslav von Beruf?

Was macht Miroslav beruflich?

Er ist Bauarbeiter.

Was macht Miroslav beruflich? Miroslav ist Bauarbeiter.

_____

_____

_____

_____

_____

B2 Berufsbezeichnungen

1 Ein Wortpuzzle. Finden Sie den Beruf. 📖 15/2

1. lertisch _____*Tischler*_____

2. nerkell _____

3. ratz _____

4. erlehrin _____

5. geninieur _____

6. täsekrinre _____

7. seufririn _____

8. grammproierer _____

2 Ergänzen Sie wie im Beispiel.

Beispiel: Der Mann ist Lehrer, die Frau ist Lehrerin.

1. Die Frau ist Bäckerin, der Mann ist _____ .

2. Der Mann ist Programmierer, die Frau ist _____ .

3. Die Frau ist Geschäftsfrau, der Mann ist _____ .

4. Der Mann ist Krankenpfleger, die Frau ist _____ .

5. Die Frau ist Friseurin, der Mann ist _____ .

3 Und in Ihrem Kurs?

a) **Kennen Sie die Berufe Ihrer Mitschüler noch? Ergänzen Sie.** 📖 16/3

Wer ist _____ von Beruf?   Frau _____ .

Wer _____ ?   Herr _____ .

_____ ?   _____ .

b) **Jetzt fragen und antworten Sie im Kurs.**

Was ist Frau Sánchez von Beruf?

Frau Sánchez ist Erzieherin.

4 Ergänzen Sie die Sätze. 📖 16/5

1. Klaus arbeitet in der _____*Autowerkstatt*_____ . Er ist Automechaniker.

2. Sybille arbeitet in der _____ . Sie ist Lehrerin.

3. Simon arbeitet im _____ . Er ist Friseur.

4. Doris arbeitet im _____ . Sie ist Krankenschwester.

5. Anke arbeitet in der _____ . Sie ist Bäckerin.

C Verben

1 **Markieren Sie die Endungen.** 📖 17/1

Infinitiv: (mach) (en)

1. du machst
2. wir heißen
3. ich antworte
4. du wohnst
5. ihr lernt
6. ich unterrichte
7. sie arbeiten
8. er fragt

2 **Ergänzen Sie die Tabelle.** 📖 18/6

	heißen	machen	fragen	sein
ich				
du		machst		
er/sie/es	heißt			
wir				
ihr			fragt	
sie/Sie				sind

3 **Ergänzen Sie das Verb.** 📖 17/3

1. Die Familie Yildirim _____kommt_____ (kommen) aus der Türkei.

2. Aber sie _____ (leben) schon lange in Deutschland.

3. Sie _____ (wohnen) jetzt in Berlin.

4. Ahmed Yildirim _____ (arbeiten) als Automechaniker.

5. Mahmud _____ (sein) Schüler und _____ (gehen) in die Schule.

6. Sakine Yildirim _____ (sein) Erzieherin von Beruf, aber sie _____ (arbeiten) jetzt nicht.

7. Sergej Brodsky _____ (leben) auch schon lange in Deutschland.

8. Herr und Frau Brosky _____ (kommen) aus Tschechien.

9. Er _____ (sein) Arzt von Beruf und seine Frau _____ (sein) Ärztin.

4 a) Fragen Sie formell.

1. Wie _____ ?   Ich heiße Anna Plantova.

2. _____ ?   Ich bin Lehrerin.

3. _____ ?   Ja, ich wohne schon lange hier.

4. _____ ?   Ich komme aus Russland.

b) Fragen Sie informell.

1. _____ ?   Ich heiße Gül.

2. _____ ?   Ich lerne Deutsch.

3. _____ ?   Nein, ich bin neu hier.

4. _____ ?   Ich komme aus der Türkei.

5 Ergänzen Sie mit einer Form von *sein*.

1. Mein Name _____ Jeremies Schatz.

2. Ich _____ Tischler.

3. Meine Werkstatt _____ in Berlin.

4. + Wir _____ aus Polen.

5. + _____ ihr auch aus Polen?

6. − Nein, ich _____ aus Tschechien und sie _____ aus Ungarn.

6 Hören Sie zu und schreiben Sie die Wörter. Schreiben Sie dann einen Satz.

a)

1. ____und____   2. _____   3. _____   4. _____

5. _____   6. _____   7. _____   8. _____

Ich _____

b)

1. ____jetzt____   2. ____Mahmud____   3. _____   4. _____

5. _____   6. _____   7. _____   8. _____

Hallo Mahmud, _____

D Eine Familie, viele Personen

1 Ergänzen Sie den Text. 📖 19/1

Mann – Sie – heißt – Es – Er – Die – Baby – ein – ~~ist~~

Das _____*ist*_____ Familie Köppen.

Der _____ heißt Sven.

_____ kommt aus Cottbus.

_____ Frau _____ Christine.

_____ ist Schwedin.

Das _____ heißt Paul.

_____ ist _____ Junge.

2 Ergänzen Sie die Personalpronomen. 📖 19/2

1. Frau Brodsky ist Ärztin. _____ arbeitet in einem Krankenhaus.

2. Das Kind heißt Anna. _____ ist ein Mädchen.

3. Herr Yildirim ist Automechaniker. _____ arbeitet in einer Werkstatt.

E Unsere Klasse

1 Ergänzen Sie. 📖 21/3

> **Lerntipp:** Wir lernen Nomen mit: 1. A_____
>
> 2. S_____ und Pl_____ .

2 Ordnen Sie die Bilder den Sätzen zu und ergänzen Sie die Regel.

☐ Im Krankenhaus arbeiten zehn Ärzte und nur zwei Ärzt**innen**.

☐ Tamara und Janka sind Kellnerinnen.

☐ Die Klasse hat elf Schülerinnen und zwei Schüler.

☐ Die Sekretärinnen arbeiten zusammen.

> Die Pluralendung der femininen Endung *-in* ist -_____ .

3 Ergänzen Sie wie im Beispiel.

Singular feminin	Plural feminin	Singular maskulin	Plural maskulin
1. Lehrerin	die Lehrerinnen	der Lehrer	die Lehrer
2. Bäckerin			
3. Friseurin			
4. Tischlerin			
5. Verkäuferin			
6. Programmiererin			

4 Bilden Sie Gruppen.

a) Schreiben Sie die Nomen in die Tabelle und ergänzen Sie den Plural. 📖 21/3

~~Schule~~	Krankenhaus	Heft	Bleistift	Schülerin	Kind	Foto
Mann	Rucksack	Lampe	Auto	Fenster	Bild	Tasche	Name
Computer	Blume	Frau	Kugelschreiber	Buch	Tisch	Stuhl

maskulin (m)		feminin (f)		neutral (n)	
Singular	Plural	Singular	Plural	Singular	Plural
		die Schule	die Schulen		

✎ b) Markieren Sie die Pluralendungen und ordnen Sie sie wie im Kursbuch.

–	-e	-n	-en	-er	-s	Umlaut +
die Computer	die Berufe	die Namen	die Verben		die Babys	die Bücher
die Fenster	die Hefte					

Vokabeln

willkommen in …

in

Person, die, -en

A

neu

hier

Haus, das, "-er

ja

wer

wohnen

auch

schon

lang(e)

ergänzen

ansehen (+ sich etw.)

Herzlich willkommen!

noch einmal

lesen

sammeln

weitere, Pl.

Sie sind dran!

B1

Beruf, der, -e

Taxifahrer/in, der/die, -/-nen

Arzt/Ärztin, der/die, "-e/"-nen

Programmierer/in, der/die, -/-nen

Kellner/in, der/die, -/-nen

Sekretär/in, der/die, -e/-nen

Verkäufer/in, der/die, -/-nen

Krankenpfleger/-schwester, der/die, -/-n

Bauarbeiter/in, der/die, -/-nen

Gärtner/in, der/die, -/-nen

beruflich

Berufsbezeichnung, die, -en

B2

welcher, welche, welches

Friseur/in, der/die, e/-nen

Tischler/in, der/die, -/-nen

Lehrer/in, der/die, -/-nen

Bäcker/in, der/die, -/-nen

Ingenieur/in, der/die, -e/-nen

Koch/Köchin, der/die, "-e, "-nen

Automechaniker/in, der/die, -/-nen

Tabelle, die, -n

Regel, die, -n

Mann, der, "-er

Ausnahme, die, -n

Geschäftsmann/-frau, der/die, "-er/-en

fragen

an

Tafel, die, -n

antworten

fehlen

Wort, das, "-er

arbeiten

wo

Satz, der, "-e

Krankenhaus, das, "-er

Friseurladen, der, "-

Schule, die, -n

Restaurant, das, -s

Bäckerei, die, -en

Kaufhaus, das, "-er

Büro, das, -s

Werkstatt, die, "-en

C

markieren

man

so

machen

lernen

Hausaufgabe, die, -n

Deutsch, das, *	_____	**Kreide,** die, -n	_____
verkaufen	_____	**Wörterbuch,** das, "-er	_____
Blume, die, -n	_____	**Stuhl,** der, "-e	_____
Möbel, das, -	_____	**Heft,** das, -e	_____
bauen	_____	**Kugelschreiber,** der, -	_____
Auto, das, -s	_____	**Buch,** das, "-er	_____
reparieren	_____	**Tasche,** die, -n	_____
Haar, das, -e	_____	**auffallen**	_____
schneiden	_____	**Kind,** das, -er	_____
unterrichten	_____	**ordnen**	_____
Brief, der, -e	_____	**Aufgabe,** die, -n	_____
Beispiel, das, -e	_____	**finden**	_____
sein	_____	**Computer,** der, -	_____
nein	_____	**Fenster,** das, -	_____
Würfelspiel, das, -e	_____	**mit**	_____
leben	_____	**immer**	_____
		oder	_____

D

Familie, die, -n	_____
viele	_____
Text, der, -e	_____
Baby, das, -s	_____
Junge, der, -n	_____
unterstreichen	_____
eintragen	_____
Notiz, die, -en	_____
Tennisspieler/in, der/die, -/-nen	_____
Wohnort, der, -e	_____

Alles klar?

zu	_____
jeder, jede, jedes	_____
passend	_____
Antwort, die, -en	_____
Anrede, die, -n	_____
nennen	_____
klein	_____

E

Klasse, die, -n	_____
Sache, die, -n	_____
Radiergummi, der, -s	_____
Mülleimer, der, -	_____
Bleistift, der, -e	_____
Schüler/in, der/die, -/-nen	_____
Rucksack, der, "-e	_____
Füller, der, -	_____
Lampe, die, -n	_____
Tisch, der, -e	_____
Lineal, das, -e	_____

Alte Heimat – Neue Heimat

A1 Wo liegt Ihre Heimat?

1 Ergänzen Sie den Artikel, wenn nötig.

_Die_____ Schweiz, _____ Iran, _____ Polen, _____ Irak, _____ USA (Pl.),

_____ Niederlande (Pl.), _____ Ukraine, _____ Russland, _____ Türkei.

2 Städtequiz. 📖 24/1

a) Ergänzen Sie die Himmelsrichtungen.

Norden
Nordeuropa

Westeuropa

Osteuropa

Südeuropa

b) Ergänzen Sie die Sätze.

1. _Berlin_____ liegt in _Mitteleuropa_____.

   _Berlin_____ ist die Hauptstadt von Deutschland.

2. _____ liegt in _____.

   _____ ist die Hauptstadt von Griechenland.

3. _____ liegt in _____.

   _____ ist die Hauptstadt von Norwegen.

4. _____ liegt in _____.

   _____ ist die Hauptstadt von der Republik Irland.

5. _____ liegt in _____.

   _____ ist die Hauptstadt von Polen.

3 a) Woher kommen die Sachen? Ordnen Sie zu.

[1] die Pizza

[2] das Handy

[3] der Käse

[4] der Game Boy

[5] das Bier

[6] die Torte

☐ Japan
☐ Italien
☐ Holland
☐ Deutschland
☐ Finnland
☐ Österreich

b) Schreiben Sie Sätze wie im Beispiel. 📖 28/3

1. *Das ist eine Pizza. Sie ist aus Italien.* _____

_____

_____

_____

_____

_____

_____

c) Und was kommt aus Ihrem Land? Erzählen Sie.

4 Lesen Sie noch einmal den Text auf Seite 25. Ergänzen Sie. 📖 25/4

Klaus kommt aus ____*Österreich*____ , und Muhammed kommt aus _____ .

Die Heimatstadt von Klaus ist _____ .

Muhammed ist aus _____ . Aber das ist nicht die _____ . Sie heißt Bagdad.

5 Antworten Sie.

Wie heißt Ihre Heimatstadt?   Sie _____ . Das ist in _____ .

Und wie heißt die Hauptstadt?   Sie _____ .

Woher kommen Ihre Eltern?   Sie _____ .

1 Lesen Sie noch einmal die Texte auf Seite 26. Ergänzen Sie. 📖 26/2

1. Rosa ist _____ . Sie spricht _____ und Deutsch.

2. Jeanette ist _____ . Ihre Heimatstadt _____ Paris.

   Sie _____ Deutsch.

3. Wojtek ist _____ . Er _____ vielleicht in Deutschland.

4. Larissa _____ aus Kasachstan. Ihre Eltern _____ Deutsche.

5. Süleyman ist _____ . Er _____ Türkisch, Kurdisch und _____ .

   Er und seine Frau ____*leben*____ und _____ in Deutschland.

2 Ein Quiz. Bilden Sie zwei Gruppen. Beschreiben Sie eine Person aus Ihrer Gruppe. Die andere Gruppe antwortet. Jede richtige Antwort ist 1 Punkt. Sammeln Sie die Punkte an der Tafel. 📖 27/4

3 Und Ihre Heimat? Schreiben Sie im Heft einen Text.

> Mein Heimatland ist … und liegt in … Die Nachbarländer von … sind … Meine Heimatstadt ist …
>
> und die Hauptstadt von … heißt … Ich bin … Ich spreche …

B1 Die neue Wohnung

1 Schreiben Sie die Namen der Sachen auf.
Vergessen Sie die Artikel nicht. 📖 28/1

1 *die Lampe*

2 _____

3 _____

4 _____

5 _____

6 _____

7 _____

8 _____

9 _____

2 Schreiben Sie die Nomen mit Artikel (unbestimmt) in die Tabelle. 📖 28/3

~~Schule~~ ~~Verb~~ ~~Schüler~~ Hauptstadt Bett Sessel Toilette Schülerin Spiegel Füller
Friseurin Bäcker Mülleimer Küche Spüle Mann Kind Ingenieurin Rucksack
Sofa Lampe Fenster Wohnzimmer Foto Tasche Kugelschreiber Schrank

maskulin (der)	feminin (die)	neutral (das)
ein Schüler	*eine Schule*	*ein Verb*
ein	eine	ein

Lerntipp: Schreiben Sie die Vokabeln auf Zettel. Kleben Sie die Zettel an die passenden Gegenstände in Ihrer Wohnung. So lernen Sie ganz leicht die Vokabeln. Aber vergessen Sie den Artikel nicht!

3 Was ist das? Schreiben Sie Sätze wie im Beispiel. 📖 29/4

1. *Das ist ein Stuhl.*

   Der Stuhl ist kaputt.

2. _____

3. _____

4. _____

5. _____

6. _____

7. _____

8. _____

B2 Das ist keine Lampe.

1 Schreiben Sie Sätze wie im Beispiel. 📖 29/1

1. Ist das ein Tisch?

   Nein, das ist kein Tisch.

   Das ist ein Stuhl.

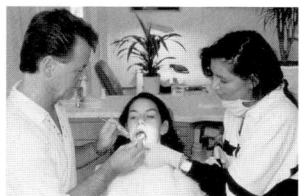

2. Ist das ein Automechaniker?

   _____

   _____

3. Ist das ein Computer?

   _____

   _____

4. Sind das Männer?

   Nein, das sind _____

   _____

5. Ist das eine Küche?

   _____

   _____

6. Ist das eine Wohnung?

   _____

   _____

7. Ist das eine Schule?

   _____

   _____

B3 Wir brauchen einen Fernseher!

1 Das Verb *haben.* Ergänzen Sie. 📖 30/2

1. Ich _____ das Buch.

2. Er _____ zwei Schwestern.

3. Du _____ den Stift.

4. Ihr _____ keine Karte.

5. Sie _____ den Samowar aus der Türkei.

6. Wir _____ jetzt ein Baby!

2 Markieren Sie die Nominativergänzung und die Akkusativergänzung wie im Beispiel. 📖 31/3

Beispiel: [Annika]ᴺ hat [kein Deutschbuch]ᴬ.

1. Die Yildirims haben keinen Computer.

2. Die Kinder fragen die Lehrerin.

3. Ich lese keine Zeitung.

3 Person oder Sache? Fragen Sie mit *wer, wen* oder *was.*

Beispiel: Ich frage <u>Süleyman</u>. → Wen fragst du?

1. <u>Sie</u> ist Lehrerin von Beruf.   *Wer* _____?

2. Sie ist <u>Lehrerin</u> von Beruf.   _____?

3. Ich frage <u>die Kinder</u>.   _____?

4. Du schreibst <u>den Brief</u>.   _____?

5. <u>Jeanette</u> lernt Deutsch.   _____?

4 Schreiben Sie Sätze.

1. Nachbarin – fragen – Herr Brodsky.

   Die Nachbarin fragt Herrn Brodsky.

2. du – haben – Stift (Pl.)?

   _____

3. Akzent – haben – Muhammed.

   _____

4. Herr Yildirim – brauchen – Karte.

   _____

5. Die Schüler – brauchen – Bücher.

   _____

5 Was hat Familie Yildirim auch? Lesen Sie noch einmal den Text auf Seite 30.
Ergänzen Sie den Akkusativ von *ein* oder *kein*. 📖 31/6

a)

Familie Marks hat

einen Tisch.

_____ Fernseher.

_____ Kühlschrank.

_____ Elektroherd.

_____ Waschmaschine.

_____ Sofa.

_____ Spülmaschine.

Familie Yildirim hat

auch einen Tisch.

keinen Fernseher.

_____

_____

_____

_____

_____

Aber sie hat _____ Samowar.

b)

Herr und Frau Yildirim kaufen e_____ Computer und _____ Telefon, aber sie kaufen

k_____ Spülmaschine und k_____ Kommode. E_____ Fernseher für Mahmud

kaufen sie später.

6 **a) Was ist richtig? Kreuzen Sie an.**

1. Haben Sie ein Telefon?
   A: ☐ Ja, ich habe das Telefon.
   B: ☐ Nein, ich habe ein Telefon.
   C: ☐ Nein, ich habe kein Telefon.

2. Ist das Tamara?
   A: ☐ Ja, das sind Sie.
   B: ☐ Ja, das ist sie.
   C: ☐ Das ist keine Tamara.

3. Was machst du?
   A: ☐ Ich mache.
   B: ☐ Ich machen Deutsch.
   C: ☐ Ich lerne Deutsch.

4. Wie geht es Ihnen?
   A: ☐ Danke, gut.
   B: ☐ Danke, ich bin gut.
   C: ☐ Danke, ich gehe.

5. Brauchst du Hilfe?
   A: ☐ Ja, wir brauchen Hilfe.
   B: ☐ Ja, ich brauche keine.
   C: ☐ Ja, ich brauche Hilfe.

6. Wen siehst du?
   A: ☐ Ich sehe die Übung.
   B: ☐ Ich sehe das Kind.
   C: ☐ Ich sehe.

b) Hören Sie zu. Sind Ihre Lösungen richtig?

C1 Zahlen, Zahlen, Zahlen (I)

1 **Verbinden Sie die Punkte in der angegebenen Reihenfolge.** 📖 32/1

vier – sechs – drei – elf – neun – zwölf – neunzehn – sieben – eins – vierzehn – vier – fünf –zehn – eins

2 **Die Zahlen von 1 bis 10. Hören Sie zu und lesen Sie. Welche Zahlen fehlen?**

eins – zwei – drei – vier – fünf – sechs – sieben – acht – neun – zehn

3 So rechnen wir:

$1 + 1 = 2$	**Wie viel** ist eins **plus** eins?	Eins plus eins ist zwei.
$1 - 1 = 0$	**Wie viel** ist eins **minus** eins?	Eins minus eins ist null.
$1 \times 1 = 1$	**Wie viel** ist ein**mal** eins?	Einmal eins ist eins.
$1 : 1 = 1$	**Wie viel** ist eins **geteilt durch** eins?	Eins geteilt durch eins ist eins.

Schreiben Sie die Lösungen in Buchstaben.

1. $2 + 8 =$ _zehn_____

2. $12 + 7 =$ _____

3. $11 - 1 =$ _____

4. $33 - 13 =$ _____

5. $2 \times 8 =$ _____

6. $10 : 5 =$ _____

7. $100 : 25 =$ _____

8. $143 - 128 =$ _____

9. $33 : 11 =$ _____

4 Was ist anders? Vergleichen Sie.

> Auf Bild a sind zwei Stühle, auf Bild b sind sechs Stühle.

✍ 1 Schreiben Sie Antworten. 📖 33/4

INSIDE

MÖBELHANDELS GMBH.
Seesener Str. 4-6 Tel. 030/ 890912 88/ 91
Fax.030/ 890912 89

FINANZSERVICE
Ab 1000,- DM Warenwert
1,9%
Effekt.Jahreszins
bei 12 Mon. Laufzeit

Yet.. Metin Silverstein-2 .... 0179 3 96 5. 68
Yetiker Sevinc 4 93 97 87
Yetim Anneliese (Kre) Mariannen-18 .. 6 18 87 48
– Burhan Liesen-11 .... 0179 3 96 90 30
– D. 6 62 19 81
– Engin Agnes-Straub-Weg 10 .... 66 06 44 32
– Faruk Osloer-94A 4 93 21 16
– Süleyman Boelcke-120 .... 7 85 63 86
– Zihniye Sander-10 .... 0 173 2 68 51 49
Yetime Kaya (Sbg) Goltz-40 .... 2 16 90 61
Yetimoglu Erol Prinzenallee 1A 4 93 42 01

Frau
Andrea Dunkel
Blücherstr. 33
10691 Berlin

Schwarz Petra Dr.med.
Praxis für Augenheilkunde
12587 Werlseestr. 3   6 45 59 68
Telefax 64 19 72 43
Schwarz Petra (Sbg) Zieten-27 .... 2 16 87 51
– Philipp Genter-66 .... 4 54 48 58
Schwarz-Pieper P. 6 26 87 18
Mackenroder Weg 11

Direkt am Kolk.
Neuendorfer Straße Eins
13 585 Berlin

telef. Reservierung:
030 / 353 90 70

BRAU HAUS
IN SPANDAU
GASTHAUSBRAUEREI

Naturtrübe Bierspezialitäten & Altb
www.historische-gastst..

Theater im Keller
Neukölln, Weserstr. 211, ☎ 6 23 14 52 Ⓤ
Hermannplatz; Busse: 129, 141, 144, 167, 241, 248). Karten: DM 24,-, ermäßigt DM 18,-.
Am 2. und 30.11., 20 Uhr: **Friedrich Nietzsche - Dem unbekannten Gott,** musikalisches Stück mit Maura Sauter.

arrocha, beyer & beusel
gesellschaft bürgerlichen rechts
steuerberatung · rechtsberatung

Tibet Beusel
Rechtsanwalt

Reinhardtstr. 18
10117 Berlin
fon: +49.30. 138 966 60
fax: +49.30. 138 966 61

email: beusel@arrochabeyerbeusel.de

1. Hast du die Adresse von Frau Dunkel?

Frau Dunkel wohnt in der Blücherstraße 33.

2. Ich suche das Möbelhaus Inside. Können Sie mir helfen?

3. Wie ist die Telefonnummer von dem Rechtsanwalt? Und die Adresse?

4. Hast du die Adresse und die Telefonnummer vom Brauhaus?

5. Ich brauche die Adresse und die Nummer von Süleyman Yetim.

6. Wo ist die Praxis von deiner Augenärztin? Hast du auch die Telefonnummer?

7. Wo ist das Theater im Keller?

C3 Zahlen bis 100

1 Ergänzen Sie die Zahlwörter und ordnen Sie die Zahlen zu. 📖 34/1

1	__ reiz __ __ n	24	f __ __ fz __ __ n
22	__ eunund __ eu __ zig	17	v __ __ rundzwanz __ __
13	ze __ __	66	__ __ chs __ __ dsechzig
44	__ chtu __ __ fü __ __ zig	15	e __ f
5	zw __ __ un __ zw __ __ z __ g	83	si __ __ ze __ __
76	ei _n_ _s_	100	dre __ __ ig
58	v __ __ ru __ __ v __ er __ __ g	30	z __ __ lf
99	fü __ __	12	dr __ __ undac __ __ zig
10	se __ __ s __ ndsiebz __ __	11	einh __ __ dert

C4 Fragen mit Zahlen: Wie viele …?

1 Was sehen Sie? Fragen Sie sich gegenseitig und antworten Sie. 📖 35/3

Wie viele Sessel siehst du?

Ich sehe zwei Sessel.

alt _____

Heimat, die, * _____

A1

liegen _____

Europakarte, die, -n _____

Land, das, "-er _____

Nachbarland, "-er _____

von _____

Norden, der, * _____

Westen, der, * _____

Osten, der, * _____

Süden, der, * _____

Hauptstadt, die, "-e _____

richtig _____

eigentlich _____

aber _____

nicht _____

groß _____

Stadt, die, "-e _____

falsch _____

korrigieren _____

Aussage, die, -n _____

ohne _____

einige _____

A2

Nationalität, die, -en _____

Sprache, die, -n _____

sprechen _____

bleiben _____

Jahr, das, -e _____

vielleicht _____

Arbeit, die, -en _____

Eltern, *Pl.* _____

Bild, das, -er _____

B1

Wohnung, die, -en _____

Spüle, die, -n _____

Schrank, der, "-e _____

Sessel, der, - _____

Toilette, die, -n _____

Kommode, die, -n _____

Sofa, das, -s _____

Spiegel, der, - _____

Bett, das, -en _____

Zimmer, das, - _____

Wohnzimmer, das, - _____

Küche, die, -n _____

Schlafzimmer, das, - _____

Bad, das, Bäder _____

Nummer, die, -n _____

geben _____

für _____

modern _____

da _____

stehen _____

voll _____

B2

kein, keine, kein _____

schön _____

Samowar, der, -e _____

möchten _____

Tee, der, -s _____

Problem, das, -e _____

funktionieren _____

haben _____

B3

brauchen _____

Fernseher, der, - _____

jetzt _____

vergessen _____

Woche, die, -n _____

Herd, der, -e _____

Regal, das, -e _____

aussehen _____

nach _____

fast _____

fertig _____

Tasse, die, -n _____

Teller, der, - _____

Vorhang, der, "-e _____

sehr _____

Kühlschrank, der, "-e _____

Waschmaschine, die, -n _____

teuer _____

Pflanze, die, -n _____

alle _____

ändern (+ sich) _____

nur _____

einsetzen _____

dann _____

warten _____

zeichnen _____

erzählen _____

Badewanne, die, -n _____

Spülmaschine, die, -n _____

Balkon, der, -e _____

C1

Zahl, die, -en _____

Zeichnung, die, -en _____

Seite, die, -n _____

helfen _____

zählen _____

bis _____

vorwärts ≠ rückwärts _____

C2

folgend _____

Begriff, der, -e _____

Collage, die, -n _____

Straße, die, -n _____

Postleitzahl, die, -en _____

Monat, der, -e _____

Telefonnummer, die, -n _____

Telefon, das, -e _____

Handy, das, -s _____

Gruppe, die, -n _____

wirklich _____

stimmen _____

erst _____

Adresse, die, -n _____

klar _____

dahaben (etw.) _____

Stift, der, -e _____

prima _____

können _____

zusammen _____

Idee, die, -n _____

Donnerstag, der, -e _____

Zeit, die, -en _____

wie viel, wie viele, *Pl.* _____

Interview, das, -s _____

Partner/in, der/die, -/-nen _____

wie lange _____

Liste, die, -n _____

über _____

C3

Ziffer, die, -n _____

rechts _____

links _____

laut _____

C4

Schwester, die, -n _____

Geschwister, *Pl.* _____

Bruder, der, "- _____

oft _____

CD, die, -s _____

Topf, der, "-e _____

Alles klar

erfinden _____

Alter, das, * _____

kurz _____

mischen _____

anderer, andere, anderes _____

süß _____

noch _____

doch _____

Rätsel, das, - _____

weitergehen _____

vorlesen _____

3 Wohnen in Deutschland

A1 Kantstraße 3A

1 Sehen Sie sich das Foto an und ergänzen Sie die Begriffe. 📖 38/2

das Erdgeschoss – ~~der Schornstein~~ – die Tür – das Dachgeschoss – das Fenster – das Dach

der Schornstein

2 Wer macht was? Ergänzen Sie die Berufe oder den Geschäftsnamen. 📖 38/3

3 Ordnen Sie zu.

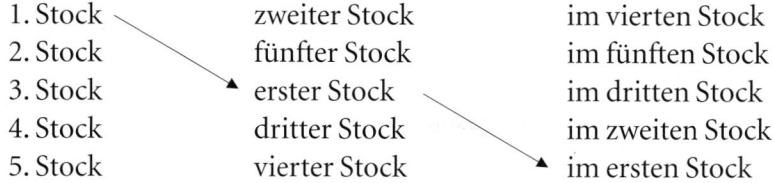

1. Stock   zweiter Stock   im vierten Stock
2. Stock   fünfter Stock   im fünften Stock
3. Stock   erster Stock   im dritten Stock
4. Stock   dritter Stock   im zweiten Stock
5. Stock   vierter Stock   im ersten Stock

A2 2 Zimmer, Küche, Bad

1 Erklären Sie die Abkürzungen in den Wohnungsanzeigen. 📖 39/1

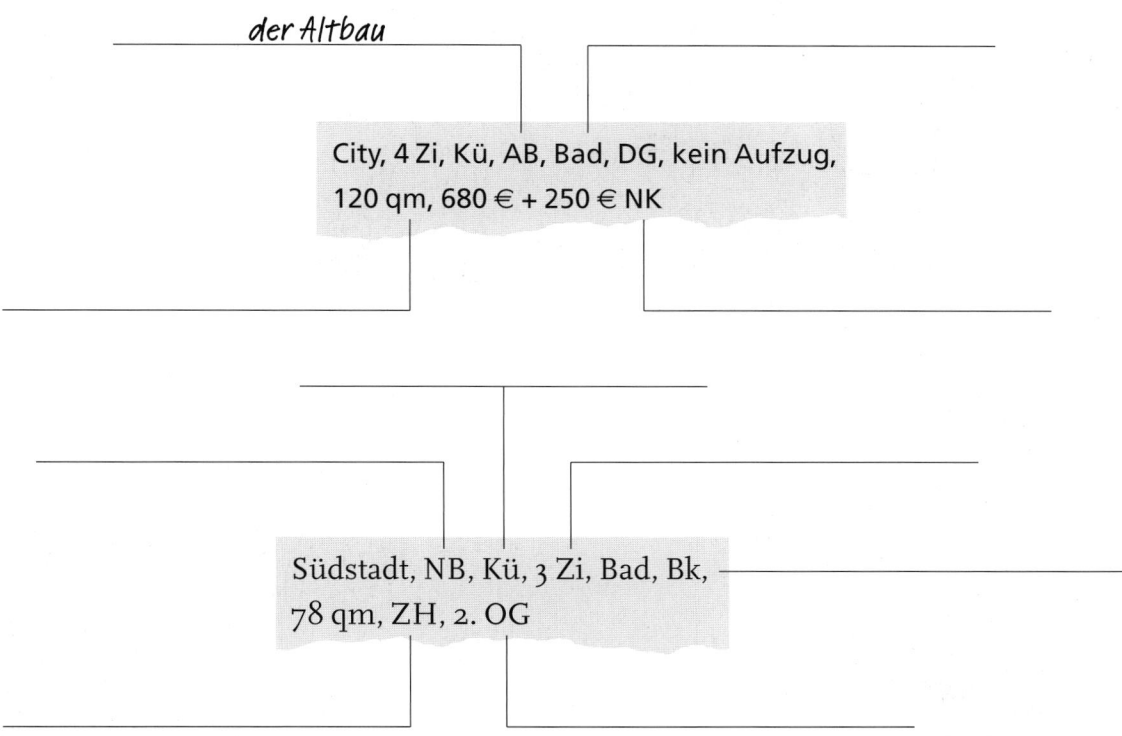

der Altbau

City, 4 Zi, Kü, AB, Bad, DG, kein Aufzug,
120 qm, 680 € + 250 € NK

Südstadt, NB, Kü, 3 Zi, Bad, Bk,
78 qm, ZH, 2. OG

2 a) Lesen Sie den Text. 📖 39/2

Herr und Frau Müller wohnen in Hannover (Nordstadt). Die Wohnung ist ein
Neubau. Sie liegt im 1. Stock und hat zwei Zimmer, eine Küche, ein Bad und einen
Balkon. Sie ist ruhig und sonnig. Die Wohnung hat 55 Quadratmeter und kostet
320 € plus 80 € Nebenkosten.

b) Schreiben Sie eine Wohnungsanzeige für die Wohnung.

_____

_____

3 Hören Sie zu und beantworten Sie die Fragen. 📖 39/3

1. Wo wohnt Familie Simonov? _____

2. Wie viele Zimmer hat die Wohnung? _____

3. Wo liegt die Wohnung? _____

4. Wie viele Quadratmeter hat die Wohnung? _____

5. Wie teuer ist die Wohnung? _____

6. Wie hoch sind die Nebenkosten? _____

B Farben und Adjektive

1 Finden Sie im Suchrätsel acht Farben. 📖 40/1

Z	M	A	A	G	E	S	W
O	F	N	B	R	A	U	N
R	X	I	B	A	D	C	U
A	B	L	A	U	Y	R	R
N	A	I	G	O	R	O	T
G	E	L	B	L	A	S	P
E	Q	A	I	P	K	A	V
V	S	C	H	W	A	R	Z

1. _____   5. _____

2. _____   6. _____

3. _____   7. _____

4. _____   8. _____

2 Schreiben Sie die passenden Adjektive zu den Gesichtern.
Kontrollieren Sie mit dem Kursbuch. 📖 40/3

1. _____sehr gut_____   3. _____

2. _____   4. _____

1. _____   3. _____

2. _____   4. _____

1. _____   3. _____

2. _____   4. _____

3 Ordnen Sie das Adjektiv und das Gegenteil zu. 📖 41/4

_____ ≠ _____

_____ rund _____
≠ _____

_____ ≠ _____

_____ ≠ _____

_____ ≠ _____

4 **a) Ordnen Sie je ein Adjektiv zu.** 📖 41/5

1. die Musik   hell
2. das Sofa   eckig
3. das Baby   laut
4. das Auto   schwer
5. die Lampe   schnell
6. der Würfel   alt
7. der Schrank   bequem
8. die Tasche   süß

b) Schreiben Sie Sätze.

1. _Die Musik ist_ _____

2. _____

3. _____

4. _____

5. _____

6. _____

7. _____

8. _____

C Eine Wohngemeinschaft

1 **Lesen Sie den Text im Kursbuch, Seite 42 noch einmal und beantworten Sie die Fragen.** 📖 42/2

1. Wie heißen die drei Studenten?   *Sie heißen* _____

2. Wohin fährt Marek am Sonntag?   _____

3. Wer kommt am Abend zu Besuch?   _____

4. Wen trifft Marek?   _____

5. Wann geht Marek ins Kino?   _____

6. Was trinkt Firas?   _____

2 **Ergänzen Sie die Tabelle.** 📖 42/4

	geben	nehmen	essen	fahren	sehen
ich	*gebe*				
du			*isst*		
er/es/sie					
wir					
ihr					*seht*
sie/Sie					

3 **Ergänzen Sie die Sätze mit den Verben.**

essen – fahren – geben – nehmen – treffen – vergessen

1. Firas _____ lieber Tee.

2. Marek _____ gerne Bygos.

3. _____ du mir bitte mal das Buch?

4. Firas _____ Klaus heute in der Uni.

5. Er _____ seine Hausaufgaben.

6. Klaus und Monika _____ am Sonntag nach Wien.

D Sprechen und verstehen

1 Sehen Sie sich die Bilder an. Was sagen die Personen? Schreiben Sie Sätze. 📖 43/1

1. *Entschuldigung, können* _____

2. _____

3. _____

4. _____

E Meine Familie

1 Machen Sie ein Wörternetz zum Thema *Familie.* 📖 45/6

die Mutter

die Eltern

die Familie

2 Hören Sie zu und schreiben Sie den Dialog in der richtigen Reihenfolge auf.

+ Ja, das ist meine Mutter. Sie ist 65.
Und das hier, das ist mein Vater.

– Wo sind eure Kinder?

+ Das ist Uwe, mein Schwager.

+ Das ist Thomas, mein Mann.

– Und wer ist das? Deine Mutter?

+ Hier. Das sind unsere Töchter Lena und Laura.

+ ~~Das ist meine Familie.~~   – Wer ist das?

– Und der andere Mann?

Das ist meine Familie. _____

_____

_____

_____

_____

_____

3 Ergänzen Sie die Possessivbegleiter.

1. + Wie heißt _____ Schwägerin, Susanne?
   – Meine Schwägerin heißt Maria.

2. + Wie alt sind _____ Söhne, Frau Mallalah?

   – _____ Söhne sind acht und zwölf Jahre alt.

3. Ich habe drei Geschwister. _____ Bruder heißt Sergej

   und _____ Schwestern Ljudmila und Tatjana.

4. + Wo wohnen _____ Großeltern, Andrea und Stefan?

   – _____ Großeltern wohnen in Kiel.

4 **Ergänzen Sie die Frage.** 📖 45/8

1. + _Wo leben_ _____
   – Meine Eltern leben in der Türkei.

2. + _____
   – Mein Vater ist Obst- und Gemüsehändler.

3. + _____
   – Ich habe zwei Brüder und drei Schwestern.

4. + _____
   – Unsere Kinder heißen Mehmet und Yasmin.

5. + _____
   – Meine Frau ist 38 Jahre alt.

6. + _____
   – Meine Schwiegereltern wohnen in Frankfurt.

5 **Suchen Sie sich eins der beiden Fotos aus und schreiben Sie eine kleine Geschichte.**

Hallo, ich bin Hassan. Das ist meine Familie.

Meine Frau heißt ...

_____

_____

_____

_____

Ich heiße Swetlana ...

_____

_____

_____

_____

_____

F Zahlen, Zahlen, Zahlen (II)

1 Suchen Sie im Telefonbuch oder im Internet die Telefonnummern. 📖 46/1

 Polizei/Notruf _____

 i **Auskunft** Inland Ausland _____

 Feuerwehr _____

 Telegramme _____

2 Telefon-Vorwahlnummern in Deutschland. Hören Sie zu und ergänzen Sie.

 München _____

 Leipzig _____

 Frankfurt am Main _____

 Hamburg _____

 Köln _____

 Berlin _____

 Stuttgart _____

 Dresden _____

3 **a)** Sehen Sie sich die Fotos an und hören Sie zu. Ergänzen Sie die Informationen und stellen Sie die Personen vor. 📖 47/4

Lisha

Geburtsjahr? _____

Geburtsort? _____

Seit wann in Deutschland? _____

Wie viele Einwohner hat die Heimatstadt? _____

Osman

Geburtsjahr? _____

Geburtsort? _____

Seit wann in Deutschland? _____

Wie viele Einwohner hat die Heimatstadt? _____

Michail

Geburtsjahr? _____

Geburtsort? _____

Seit wann in Deutschland? _____

Wie viele Einwohner hat die Heimatstadt? _____

Lydia

Geburtsjahr? _____

Geburtsort? _____

Seit wann in Deutschland? _____

Wie viele Einwohner hat die Heimatstadt? _____

b) Und Sie? Schreiben Sie einen kleinen Text.

Ich bin im Jahr ... _____

_____

A1

Dachgeschoss, das, -e _____

Student/in, der/die, -en/ -nen _____

Stock, der, * _____

Zahnarzt/-ärztin, der/die, "-e/-nen _____

Erdgeschoss, das, -e _____

Geschäft, das, -e _____

Schneiderei, die, -en _____

Augenarzt/-ärztin, der/die, "-e/-nen _____

Obst- und Gemüseladen, der, "- _____

Dach, das, "-er _____

Fenster, das, - _____

Wand, die. "-e _____

Änderungsschneiderei, die, -en _____

Tür, die, -en _____

Obst, das, * _____

Gemüse, das, - _____

Thema, das, Themen _____

beschreiben _____

A2

Wohnungsanzeige, die, -n _____

Abkürzung, die, -en _____

Neubau, der, -ten _____

Nebenkosten Pl. _____

Zentralheizung, die, -en _____

erste, erster, erstes _____

Obergeschoss, das, -e _____

Quadratmeter, der, - _____

unter _____

B

Farbe, die, -n _____

Lieblingsfarbe, die, -n _____

blau _____

grün _____

rosa _____

weiß _____

schwarz _____

lila _____

gelb _____

türkis _____

braun _____

rot _____

orange _____

grau _____

hässlich _____

toll _____

super _____

ganz _____

schlecht _____

okay _____

furchtbar _____

langweilig _____

Gegenteil, das, -e _____

hell ≠ dunkel _____

eckig ≠ rund _____

kennen _____

manchmal _____

mehrere, Pl. _____

Möglichkeit, die, -en _____

Koffer, der, - _____

schnell ≠ langsam _____

Rockmusik, die, * _____

Schokolade, die, -n _____

Kaffee, der, -s _____

Eis, das, * _____

Kissen, das, - _____

kalt _____

weich _____

schwer _____

Gegenstand, der, "-e _____

C

Wohngemeinschaft, die, -en _____

Besuch, der, -e _____

gehen _____

um _____

Uhr, die, -en _____

Kino, das, -s _____

trinken _____

kochen _____

reden _____

treffen (sich) _____

wann _____

fahren _____

freuen (sich) _____

riesig _____

Mutter, die, "- _____

lecker _____

essen _____

heute _____

Abend, der, -e _____

leider _____

morgen _____

Ahnung, die, -en _____

alles _____

nehmen _____

gern _____

bitte _____

Zucker, der, * _____

sehen _____

Uni (*Kurzf. für* Universität),
die, -s (-en) _____

warum _____

teilen _____

Miete, die, -n _____

Schlüssel, der, - _____

Film, der, -e _____

Pizza, die, -s (*auch* Pizzen) _____

nach Haus(e) _____

D

verstehen _____

Entschuldigung, die, -en _____

wiederholen _____

etwas _____

langsam _____

Anwaltskanzlei, die, -en _____

suchen _____

E

Tochter, die, "- _____

Vater, der, "- _____

Sohn, der, "-e _____

Schwager/Schwägerin,
der/die, "-/-nen _____

Schwiegervater/-mutter,
der/die, "-/"- _____

aus der Sicht von … _____

Großeltern, *Pl.* _____

Großvater/-mutter, der/die,
"-/ "- _____

Onkel, der, - _____

Tante, die, -n _____

Neffe/Nichte, der/die, -n/-n _____

Cousin/e, der/die, -s/-n _____

mitbringen _____

F

ab _____

geboren sein _____

seit _____

ungefähr _____

Einwohner/in, der/die,
-/-nen _____

davon, *auch:* davon _____

Ausländer/in, der/die,
-/-nen _____

Spätaussiedler/in, der/die,
-/-nen _____

stellen _____

Asylantrag, der, Asylanträge _____

jährlich _____

Asylbewerber/in, der/die,
-/-nen _____

Alles klar

unten _____

oben _____

auf _____

Fahrrad, das, "-er _____

leicht _____

notieren _____

4 Mein Tag, meine Woche

A1 Aktivitäten

1 Was haben die Leute vor? Sehen Sie sich die Bilder an und schreiben Sie Sätze. 📖 52/2

Kevin und Susi   Sandra   Viola   Martin und Hartmut

tanzen	
spazieren	gehen
schwimmen	
einkaufen	

Kevin und Susi gehen spazieren.

2 Wer macht was? 📖 52/3

1

2

3

4

a) Hören Sie zu. Ordnen Sie die Namen den Bildern zu.

☐ Peter ☐ Herr Martin ☐ Birgit ☐ Familie Schulz

b) Schreiben Sie Sätze.

| Im Restaurant essen | viel lesen | Fußball spielen | zusammen spielen |

Peter spielt gern Fußball.

3 a) **Lesen Sie den Text. Beantworten Sie die Fragen im Kurs.**

Sabrina: Was sind deine Hobbys, Mahmud?

Mahmud: Ach, ich weiß nicht. Ich habe keine Hobbys.

Sabrina: Was? Ich schon: Musik hören, im Internet surfen, Freunde treffen …

Mahmud: Klar, ich höre auch gern Musik und ich gehe schwimmen, sehe viel fern und spiele am Computer. Sogar mein Vater hat Hobbys. Er repariert gern Autos und er geht oft Tee trinken und spielt Karten.

Sabrina: Was sagt deine Mutter denn dazu?

Mahmud: Na ja, sie hat auch ihre Hobbys. Sie geht oft einkaufen und näht viel.

Sabrina: Sind das wirklich Hobbys oder ist das Arbeit?

1. Welche Hobbys haben Sabrina und Mahmud?
2. Welche Hobbys hat der Vater von Mahmud?
3. Hat seine Mutter auch Hobbys?

> Mahmud hat keine Hobbys.

> Die Mutter näht viel.

> Das ist kein Hobby.

> Das stimmt nicht. Er …

b) **Hat Ihre Familie und haben Ihre Freunde Hobbys? Erzählen Sie.**

A2 Die Uhrzeiten

1 **Fragen Sie sich gegenseitig und antworten Sie.** 📖 53/2

> Der Film beginnt um Viertel nach acht.

– Wann beginnt …?
– Wann kommt …?

der Film

das Fußballspiel

der Zug

der Lehrer

der Besuch

die Party

1 a) Was machen Timo und Natalie am Samstag? Ergänzen Sie. 📖 54/1

| mitbringen aufstehen aufräumen ~~anrufen~~ ausgehen abholen aufhören einkaufen einpacken |

1. Natalie ___*ruft*___ eine Freundin ___*an*___ .

   Timo _____ die Badesachen _____ .

2. Timo _____ die Wohnung _____ ,

   Natalie _____ für das Wochenende _____ .

3. Timo und Natalie _____ um neun Uhr

   _____ .

4. Am Abend _____ sie zusammen _____ .

   Der Abend _____ sehr spät _____ .

5. Natalie und Timo gehen schwimmen. Sie _____ die

   Freundin _____ .

6. Die Freundin _____ einen Ball _____ .

b) Ordnen Sie die Sätze. Lesen Sie sich gegenseitig je einen Satz vor und schreiben Sie ihn ins Heft.

B1 Es ist zwanzig Uhr.

1 Nach der Uhrzeit fragen. Ergänzen Sie die Wörter und verbinden Sie. 📖 56/4

Wann	_beginnt_ ①	ⓐ ist es?
	_____ spät ②	ⓑ der Film?
	_____ hast ③	ⓒ viel _____ beginnt der Kurs?
Um	_____ ④	ⓓ dauert die Fahrt?
Wie	_____ ⑤	ⓔ du Zeit?

Wann   Wie   lang
~~beginnt~~   Uhr   wie

2 Hier finden Sie viele Angebote für Aktivitäten.

a) Sehen Sie sich die Bilder an und ergänzen Sie die Tabelle.

Sport

FUSSBALL
Olympiastadion, Sa. 15.30

**Hertha BSC Berlin -
1. FC Nürnberg**

Karten: 622 45 66

Foto: Jürgen Engler

Musical

Theater des Westens
Kantstr. 12,
Charlottenburg, Tel. 01805/99 89 99, U-/S-Bahn:
Zoologischer Garten
Di–So , 20 Uhr
"Grease" (Musical)

Ausstellung

Filmmuseum Berlin
Potsdamer Platz, Tiergarten, im Sony Center,
Tel. 300 90 30, U-/S-Bahn Potsdamer Platz
Fr-Mi 10–18 Uhr, Do 10–20 Uhr
Deutsche Filmgeschichte und künstliche Welten,
von der Frühzeit des Films bis zur Gegenwart

Debüt
Steven Osborne
Klavier
Großbritannien

DeutschlandRadio Berlin 89,6

Werke von
Johann Sebastian Bach
Claude Debussy
Sergej Rachmaninow

20:00
Kammermusiksaal
der Philharmonie
Karten:
Philharmonie, VVK
AK. Tel. 8503 - 6171

Konzert

Restaurant

RANI
INDISCHER SPEZIALITÄTEN-IMBISS

Goltzstraße 32
10781 Berlin
Schöneberg
Tel.. 215 26 73

Für Feinschmecker in Zeitnot

täglich geöffnet von 12-2 Uhr nachts

Theater

Wunderschönes Weihnachtsmärchen
im Urania-Theater (U-Bhf. Wittenbergplatz)
Nach den Brüdern Grimm mit großem Theater-Ensemble
Prächtige Bühnen- und Kostümausstattung
30. November + 1. Dezember, jeweils 13.30 + 16.30 Uhr
ROTKÄPPCHEN
Karten: Theaterkasse Hardenbergstr. 6 (Ernst-Reuter-Platz)
Montag - Freitag von 8 - 16 Uhr · Telefon (030) 312 70 41
u. bei allen Theaterkassen · www.laur-veranstaltungen.de

Wo? (Adresse)	Telefon	Wann?	Was?
Filmmuseum Berlin Potsdamer Platz	300 90 30	Fr–Mi 10–18 Uhr Do 10–20 Uhr	Ausstellung: Filmgeschichte

b) Fragen Sie sich gegenseitig und antworten Sie.

> Um wie viel Uhr ist das Konzert?

> Das Konzert ist um 20:00 Uhr.

Wann fängt … an?	das Musical
Wo ist …?	die Ausstellung
Wie ist die Nummer von …?	das Theaterstück

1 Sie haben in einer Woche vieles vor. Was machen Sie wann? 📖 57/4

a) Tragen Sie die Aktivitäten in den Wochenplan ein. Ergänzen Sie auch Uhrzeiten.

September September Septiembre Settembre						**38. Woche** 260.–266. Tag
Montag Monday Lunes Lunedì **17**	Dienstag Tuesday Martes Martedì **18**	Mittwoch Wednesday Miércoles Mercoledì **19**	Donnerstag Thursday Jueves Giovedì **20**	Freitag Friday Viernes Venerdì **21**	Samstag Saturday Sábado Sabato **22**	Sonntag Sunday Domingo Domenica **23**
		19:30 Eltern- abend				

Di.: essen mit Paul

Fr.: Onkel Hubert besuchen

Mi.: Elternabend Maria

Do.: Arzttermin

MO: tanzen mit Petra / Babysitter?

Fr.: fernsehen: „Titanic"

Mi.: mit Maria Mathe lernen

DO.: Mittagessen mit Dr. Bruell

Di.: Oma anrufen: Geburtstag

MO.: Maria vom Schwimmen abholen

Sa.: Wochenendeinkauf

b) Was machen Sie wann? Erzählen Sie im Kurs.

> Am Mittwoch um 19:30 Uhr habe ich einen Elternabend.

> Am Montag um 21:00 Uhr gehe ich mit Petra tanzen. Wir brauchen …

c) Vergleichen Sie die Tageszeiten.

> Ich rufe meine Oma am Morgen an.

> Ich rufe sie am Abend an.

C1 Hast du morgen Zeit?

1 Schreiben Sie Satzfragen und antworten Sie. 📖 58/2

 Hobby – haben / Ja – Salsa tanzen

+ _Haben Sie ein Hobby_ ? – _Ja, ich tanze Salsa_ .

 Zeit – haben / Nein – viel arbeiten

+ _____ ? – _____ .

 Sport – machen / Ja – Tennis spielen

+ _____ ? – _____ .

 Bier – trinken / Nein – Wasser trinken

+ _____ ? – _____ .

 Familie – haben / Ja – ein Kind haben

+ _____ ? – _Ja, wir_ _____ .

 essen – gehen / Nein – zu Hause essen

+ _____ ? – _____ .

 Deutsch – lernen / Ja – Kurs machen

+ _____ ? – _____ .

2 Ein Telefongespräch

Hören Sie zu und beantworten Sie die Fragen.

1. Wann treffen sich Katja und Marina?

_____

2. Was machen sie?

Sie gehen _____

3 **Lesen Sie den Text und beantworten Sie die Fragen.**

Katja: Schulze. Ja, bitte?
Marina: Hallo, Katja, hier ist Marina.
Katja: Marina, hallo! Wie geht es dir? Ist in Bremen alles klar?
Marina: Ja, uns geht es gut. Aber ich bin jetzt gerade in Köln. Hast du heute Abend Zeit? Können wir uns sehen?
Katja: Nein, leider nicht. Ich habe einen Elternabend. Aber morgen Abend habe ich Zeit.
Marina: Hm, morgen ist Donnerstag. Schade, da kann ich nicht. Ich treffe Paul und Martin. Und am Freitagabend? Samstag früh fahre ich schon wieder zurück.
Katja: Mal sehen … Ja, Freitag ist ok. Gehen wir essen? Ich kenne einen guten Italiener.
Marina: Gut, wo ist er?
Katja: Hier in der Lindenstraße. Hol mich doch einfach um acht Uhr ab.
Marina: Ja, das ist gut! Also bis Freitagabend. Tschüss.

1. Wo lebt Marina?

_____

2. Wo ist Marina jetzt?

_____

3. Wann ist ein Treffen nicht möglich? Warum nicht?

Am _____

_____

4 **Schreiben Sie einen Dialog. Die Dialoggrafik links hilft.**

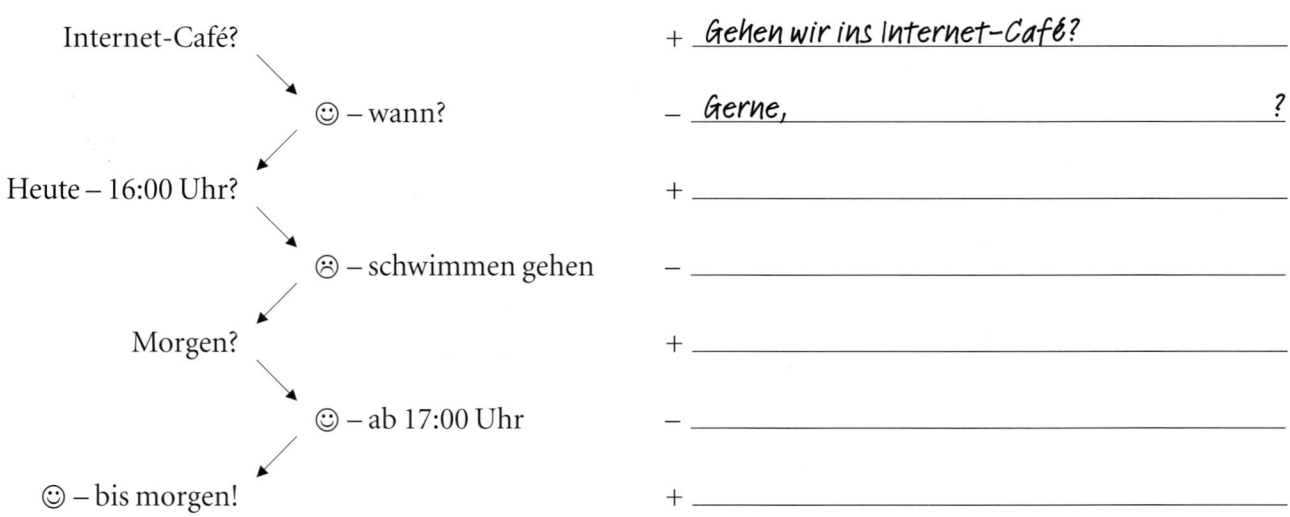

Internet-Café?

☺ – wann?

Heute – 16:00 Uhr?

☹ – schwimmen gehen

Morgen?

☺ – ab 17:00 Uhr

☺ – bis morgen!

\+ *Gehen wir ins Internet-Café?* _____

\– *Gerne,* _____ ?

\+ _____

\– _____

\+ _____

\– _____

\+ _____

5 Mahmud und Sabrina möchten sich treffen. Aber sie haben viel zu tun.
Schreiben Sie mit Ihrem Partner / Ihrer Partnerin einen Dialog und spielen Sie ihn im Kurs.

Mahmud

13 SAMSTAG
10:00 einkaufen
13:00 kochen
15:00 schwimmen gehen
20:00 Videos abholen

Samstag
10:30 Oma besuchen
12:00 für Oma einkaufen
13:00 Mittag essen
16:00 ins Kino gehen
20:00 Freunde kommen

Sabrina

Um eins esse ich …

Heute Nachmittag …

Kannst du …

Gehen wir zusammen …

Ich habe …

C2 Fragen und Antworten

1 Ergänzen Sie die Personalpronomen im Nominativ. 📖 59/3

1. + Warum ist der Tisch nur so teuer? – _____ ist sehr alt.

2. + Habt ihr heute Abend Zeit? – Nein, _____ bekommen Besuch.

3. + Kennst du den Mann? – Ja, _____ ist in meinem Deutschkurs.

4. + Deine Mutter spricht ja gut Deutsch! – Ja, _____ lebt schon lange hier.

5. + Das Baby ist aber groß! – _____ ist auch schon ein Jahr alt.

2 Ein Brief. Ergänzen Sie die Personalpronomen im Nominativ oder Akkusativ. 📖 60/4

Hallo, ihr Lieben!

Geht es euch gut? Ich möchte _____ etwas fragen.

_____ treffe heute Sabine. _____ hat einen Freund.

Sie sagt, sie liebt _____ sehr. _____ liebe sie auch!

Was sagt _____ dazu? Ich rufe _____ morgen an.

_____ sprechen dann darüber.

Bis bald, euer

Dieter

C3 Die Negation

✎ **1 Schreiben Sie Sätze wie im Beispiel.** 📖 60/3

Beispiel: Ich lebe in Deutschland. (Frankreich)

 Ich lebe nicht in Deutschland. Ich lebe in Frankreich.

1. Wir sind alt. (jung)

2. Marina und Katja gehen ins Kino. (ins Café)

3. Er ist 32 Jahre alt. (40 Jahre)

4. Michail lebt alleine. (ist verheiratet)

5. Wir rufen euch an. (E-Mail schreiben)

D1 Der Besuch aus München

1 Ergänzen Sie im Singular oder Plural. 📖 61/1

Sekunde – Minute – Tag – Tag – Stunde – Stunde – ~~Woche~~

Eine ___Woche___ hat sieben _____ . Ein _____ hat vierundzwanzig

_____ . Eine _____ hat 60 Minuten. Eine _____ hat 60 _____ .

2 Uhr oder Stunde? Ergänzen Sie im Singular oder Plural.

1. Auf dem Bahnhof hängt eine _____ . Der Zug hat eine _____ Verspätung.

2. Wie viel _____ ist es? Es ist zwölf _____ .

3. Um wie viel _____ kommst du? Ich komme um acht _____ abends.

4. Sie schläft sieben _____ . Sie steht um sechs _____ auf.

3 a) **Am Schalter. Ordnen Sie die richtigen Antworten zu.**

Danke. Auf Wiedersehen!   Bar.

Nur hin. Morgen Nachmittag, bitte.

~~Einmal Berlin–München, bitte.~~

Das ist gut. Muss ich umsteigen?

Nein, leider nicht.

+ Guten Tag. Was kann ich für Sie tun?

– *Einmal Berlin – München, bitte.* _____

+ Hin und zurück? Und wann möchten Sie fahren?

– _____

+ Morgen? Dann bekommen Sie 10 % Rabatt. Es gibt einen ICE um 15:41. Er kommt um 22:15 Uhr an.

– _____

+ Nein, der Zug fährt direkt. Haben Sie eine Bahncard?

– _____

+ Ja, das macht dann 99 Euro. Zahlen Sie bar oder mit Kreditkarte?

– _____

+ Bitte, einen Euro zurück. Gute Fahrt.

– _____

b) **Hören Sie zu und kontrollieren Sie: Ist Ihre Lösung richtig?**

4 **Sie kaufen eine Fahrkarte von Hamburg nach Hannover. Machen Sie Notizen und spielen Sie den Dialog.**

– Wer? – Wann? – Preis? – Bahncard? – Sitzplatz?

▶ Unter www.bahn.de können Sie Verbindungen suchen, Fahrkarten reservieren und wenn Sie eine Bahncard haben, können Sie die Fahrkarte buchen und sofort ausdrucken.
Die Deutsche Bahn bietet „Plan-und-Spar-Preise" an, das heißt, Sie zahlen weniger, wenn Sie Ihre Fahrkarte eine Woche vor der Reise kaufen. Oder Sie fahren mit Freunden zusammen. Die Mitfahrer müssen nur die Hälfte bezahlen!

A1

Aktivität, die, -en

Fußball, der, "-e

spielen

Internet, das, * (s)

surfen, im Internet surfen

schwimmen

tanzen

Musik, die, -en

nähen

fernsehen

spazieren gehen

Hobby, das, -s

A2

Uhrzeit, die, -en

spät

Viertel, das, -

halb

fortsetzen

Reihe, die, -n

beginnen

vorhaben (+ etw.)

A3

Samstag, der, -e

Post, die, *

abholen

mittags

Paket, das, -e

anfangen

aufräumen

aufstehen

einschlafen

einkaufen

Lebensmittel, das, -

Zeitung, die, -en

ausgehen

Freund/in, der/die, -e/-nen

mitkommen

aufhören

zurückfahren

U-Bahn, die, -en

zu Haus(e), (auch: zuhause)

zweimal

Unterricht, der, -e Pl. selten

ausfallen

ausschlafen

anrufen

Wochenende, das, -n

putzen

wegfahren

joggen

Karte, die -n

B1

Umgangssprache, die, *

offiziell ≠ inoffiziell

umgangssprachlich

gleich

denn

B2

Wochentag, der, -e

Stunde, die, -e

Plan, der, "-e

Arzttermin, der, -e

kaufen

morgens

vormittags

nachmittags

abends

C1

Position, die, -en

später

Ball, der, "-e

tschüss (auch: tschüs)

C2

passen

Sprechblase, die, -n

vergleichen

beide/beides

Nachbar/in, der/die, -n/
-nen

besuchen

Taxi, das, -s

anstrengend

lieben

billig

C3

früh

Englisch, das, *

verheiratet sein

D1

Verbindung, die, -en

Fahrplan, der, "-e

ICE (Intercity-Express),
der, -s

Hauptbahnhof, der, "-e

direkt

Umsteigen, das, *

klingen

abfahren

ankommen

das heißt

Fahrt, die, -en

dauern

Stunde, die, -n

Minute, die, -n

also

mitnehmen

bestimmt

Buchung, die, -en

Kreditkarte, die, -n

nichts

Das macht nichts.

reservieren

telefonisch

Fahrkarte, die, -en

Reisezentrum, das, -zentren

bezahlen

Schalter, der, -

buchen

online

Bahnhof, der, "-e

Bahn, die, -en

telefonieren

Zug, der, "-e

D2

Programm, das, -e

Straßenfest, das, -e

Picknick, das, -e (auch: -s)

Café, das, -s

frühstücken

Sehenswürdigkeit, die, -en

besichtigen

Zoo, der, -s

nachsehen

zuerst

danach

schließlich

zuletzt

bekommen

vorbereiten

Alles klar

verbinden

Mittag essen (+ zu)

Nachmittag, der, -e

Enkel/in, der/die, -/-nen

einladen

chinesisch

italienisch

Leid tun

Tanzstunde, die, -n

5 Guten Appetit!

A1 Lebensmittel

1 Finden Sie im Suchrätsel 14 Lebensmittel und notieren Sie sie mit Artikel. 📖 66/2

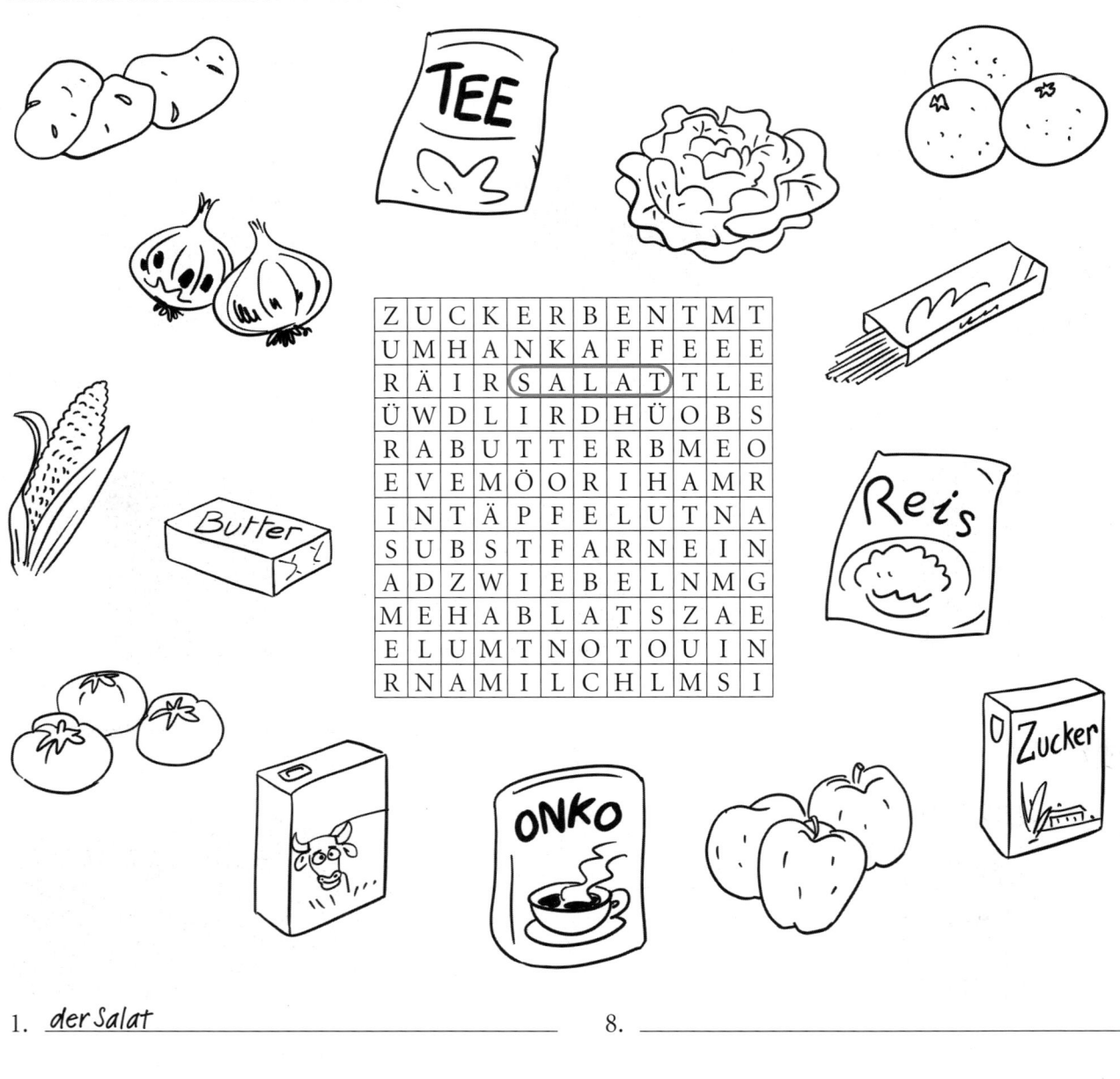

Z	U	C	K	E	R	B	E	N	T	M	T
U	M	H	A	N	K	A	F	F	E	E	E
R	Ä	I	R	S	A	L	A	T	T	L	E
Ü	W	D	L	I	R	D	H	Ü	O	B	S
R	A	B	U	T	T	E	R	B	M	E	O
E	V	E	M	Ö	O	R	I	H	A	M	R
I	N	T	Ä	P	F	E	L	U	T	N	A
S	U	B	S	T	F	A	R	N	E	I	N
A	D	Z	W	I	E	B	E	L	N	M	G
M	E	H	A	B	L	A	T	S	Z	A	E
E	L	U	M	T	N	O	T	O	U	I	N
R	N	A	M	I	L	C	H	L	M	S	I

1. _der Salat_ _____   8. _____

2. _____   9. _____

3. _____   10. _____

4. _____   11. _____

5. _____   12. _____

6. _____   13. _____

7. _____   14. _____

2 Ergänzen Sie die Singularformen. 📖 67/3

1. _der Apfel_ — die Äpfel
2. _____ die Tomaten
3. _____ die Hähnchen
4. _____ die Orangen
5. _____ die Kartoffeln

6. _____ die Nudeln
7. _____ die Kekse
8. _____ die Zwiebeln
9. _____ die Bananen
10. _____ die Kiwis

3 Lebensmittel und Verpackungen. Ergänzen Sie. 📖 67/5

Becher	Tafel	Dose
Flasche	Glas	Kasten
Netz	Tüte	Paket

1 ___ _Paket_ ___ Nudeln
nur 0,89 €

1 _____ Zwiebeln
1,19 €

1 _____ Marmelade
0,99 €

1 _____ Schokolade
0,59 €

1 _____ Tomaten
für 0,59 €

1 _____ Mais 0,49 €

6 _____ Cola 4,44 €

„Rex Pils",

1 _____

(20 _____)
nur 7,69 € plus Pfand

Kartoffelchips

1 _____ 0,89 €

1 _____
Joghurt, 250 Gramm,
für 0,89 €

4 Was kauft Frau Marks ein? Schreiben Sie. 📖 67/6

Sie kauft vier Dosen Cola, _____

_____

_____

_____

_____

---

1 Welches Wort passt nicht? Unterstreichen Sie. 📖 68/3

1. Kiwis – Erbsen – Orangen – Äpfel
2. Butter – Brot – Brötchen – Kuchen
3. Flasche – Dose – Kasten – Kilo
4. Käse – Milch – Joghurt – Reis

5. Kekse – Schokolade – Chips – Kuchen
6. Gramm – Stück – Liter – Kilo
7. Bananen – Tomaten – Mais – Kartoffeln
8. Milch – Wasser – Zucker – Tee

2 Schreiben Sie acht Sätze. 📖 68/4

Ich möchte Ich hätte gern Ich brauche	eine Packung ein Glas eine Flasche ein Kasten ein Becher 100 Gramm ein Liter eine Dose eine Tüte ein Kilo eine Tafel	Käse Bier Wasser Schokolade Mais Tomaten Zucker Kaffee Joghurt Erbsen Chips Nudeln

Beispiel: Ich möchte eine Tafel Schokolade.

1. _____

_____

2. _____

_____

3. _____

_____

4. _____

5. _____

6. _____

7. _____

8. _____

3 Schreiben Sie kleine Einkaufszettel auf Karten. Diktieren Sie den Einkaufszettel Ihrem Partner / Ihrer Partnerin.

Bäckerei

2 Stück Kuchen _____

_____

_____

Markt

_____

_____

Getränkemarkt

_____

_____

_____

4 Wählen Sie einen Ort (z.B. „In der Bäckerei") und schreiben Sie einen Dialog. Der Kasten auf Seite 68 im Kursbuch hilft Ihnen. Spielen Sie den Dialog im Kurs, aber sagen Sie nicht, wo er spielt. Die anderen Kursteilnehmer müssen raten.

B Preise

1 Drei Dialoge. Hören Sie die Kassette und ordnen Sie die Dialoge. 📖 69/2

1. Was kann ich für Sie tun?
2. Guten Tag. Was darf es sein?
3. Ja, bitte?
4. Natürlich, drei Kiwis kosten nur 99 Cent.
5. Dann geben Sie mir bitte drei.
6. Eine „Süddeutsche Zeitung", bitte.
7. Eine Dose Cola. Kalt, bitte!
8. Gehacktes ist heute im Angebot. Das Kilo nur 2,49 €.
9. Gut, geben Sie mir noch 500 g Gehacktes.
10. Haben Sie Kiwis?
11. Ich hätte gern 200 g Schinken.
12. Eine Zeitung, eine Cola. Ist das alles?
13. Ja, das ist alles.
14. Sonst noch etwas?

Dialog 1: Sätze _1,_____

Dialog 2: Sätze _____

Dialog 3: Sätze _____

2 **Ergänzen Sie den Dialog mit den Sätzen im Kasten.** 📖 69/3

> Leider nein, ich habe nur 10 Euro.   Ja, ein Kilo Birnen.   Ich möchte zwei Paprika, bitte.   Nein, danke.

Guten Tag. Was darf es sein?

_____

Die Paprika, 99 Cent.
Haben Sie noch einen Wunsch?

_____

Das macht 1 Euro 99 Cent.
Zusammen 2 Euro 98.
Noch etwas?

_____

Haben Sie es passend?

_____

Gut, 7 Euro und 2 Cent zurück.
Einen schönen Tag noch!

3 **Schreiben Sie die Preise in Buchstaben.**

1. _Eine Packung Eis kostet zwei Euro neunundneunzig._ _____

2. _____

3. _____

4. _____

5. _____

6. _____

7. _____

8. _____

9. _____

10. _____

11. _____

4

Projekt:
**Welche Lebensmittel brauchen Sie
oder Ihre Familie?**
Ordnen Sie nach Obst, Gemüse, Fleisch,
Backwaren, Milchprodukten, Getränken.
Gehen Sie in ein Lebensmittelgeschäft,
einen Supermarkt oder auf den Markt.
Notieren Sie die Preise.
Vergleichen Sie Ihre Preise im Kurs.

Obst	Gemüse	Fleisch	Backwaren	Milchprodukte	Getränke

C Ein Grillfest

1 Sammeln Sie Verben aus den Lektionen 1 bis 4. Machen Sie eine Tabelle im Heft
und bilden Sie Imperativ-Sätze wie im Beispiel. 📖 71/5

Infinitiv	Imperativ (du)	Imperativ (ihr)	Imperativ (Sie)
kaufen	Kauf!	Kauft!	Kaufen Sie!
einsteigen		*seid.*	
...			

1. _Kauf bitte ein Brot_____ !

2. _____ !

3. _____ !

4. _____ !

5. _____ !

6. _____ !

7. _____ !

8. _____ !

9. _____ !

10. _____ !

2 **Was passt? Ordnen Sie die Sätze den Bildern zu.** 📖 71/6

1. ☐ Bring bitte vom Kiosk eine Zeitung mit!
2. ☐ Meine Damen und Herren, seien Sie doch bitte nicht so laut!
3. ☐ Geben Sie mir noch ein Kilo Bananen, bitte!
4. ☐ Susanne, iss doch ein Stück Kuchen!
5. ☐ Arko, komm jetzt sofort zurück! Arko!
6. ☐ Nimm bitte noch ein Stück Fleisch!

3 **Ergänzen Sie die Sätze und benutzen Sie das Modalverb _können_.** 📖 72/8

1. Ich _____

_____ .

2. Wir _____

_____ .

3. Sie _____

_____ .

4. Meine Tochter _____

_____ .

5. Silke _____

_____ .

6. + _____ ?

– Natürlich _____ !

4 Ergänzen Sie die Sätze mit der passenden Form von *müssen.* 📖 72/9

1. + Wann stehst du morgen auf? – Morgen _____ ich um 6.00 Uhr aufstehen.

2. + _____ du morgen arbeiten? – Ja, ich _____ arbeiten.

3. + Was machen wir heute? – Wir _____ die Wohnung aufräumen.

4. + _____ ihr heute noch lernen? – Nein, wir sind fertig.

5. Masuoka _____ noch Brot kaufen.

5 Welches Modalverb passt? Ergänzen Sie *können* oder *müssen.*

1. Ich _____ heute leider nicht sehr lange bleiben.

   Morgen _____ ich schon um 5.00 Uhr aufstehen.

2. Meine Schwester _____ gut singen, aber ich leider nicht.

3. Am Wochenende _____ ich die Gartenarbeit machen.

4. Warum _____ ihr in der Pause immer rauchen?

5. + _____ wir uns morgen Abend um 20 Uhr treffen?

   – Tut mir leid, da _____ ich Claudia zum Bahnhof bringen.

6. Unsere Töchter _____ Englisch sprechen.

7. Es ist spät. Wir _____ nach Hause fahren.

8. Ich _____ wirklich nichts mehr essen. Ich bin satt.

9. _____ ihr gut tanzen?

6 Was müssen Sie, was können Sie am Wochenende machen? Schreiben Sie.

Am Wochenende muss ich _____

_____

_____

_____

_____

7 Ein Grillfest im Garten. Was sagen oder denken die Personen?
Ordnen Sie die Sätze den Sprechblasen zu.

1. Fahren Sie bitte vorsichtig, Herr Brodsky, und kommen Sie gut nach Haus!
2. Gib mir bitte noch ein Stück Lammfleisch, Sabrina!
3. Mahmud, hol doch bitte noch eine Flasche Wasser aus dem Auto.
4. Mmmmmmmh, der Bohnensalat schmeckt aber sehr gut!
   Das Rezept müssen Sie mir unbedingt verraten, Frau Yildirim.
5. Probieren Sie auch noch von dem Houmus, Frau Marks, das ist Kichererbsenmus.
6. Hier, nimm! Aber pass auf, es ist heiß!
7. Vielen Dank nochmals für die Einladung, Herr Marks!
8. Grrrrrrrrr, so eine Wurst! Da kann ein Hund nicht widerstehen …

D Essen in Deutschland

1 Was ist Ihr Lieblingsessen und Ihr Lieblingsgetränk?
Schreiben Sie. 📖 73/4

_____

_____

_____

_____

E Wir gehen essen

1 Was passt? Kreuzen Sie an. 📖 75/5

1. Guten Tag. Sie wünschen?
   ☐ Ich hätte gern Hühnchen mit Reis.
   ☐ Das ist alles, danke.
   ☐ Ja, bitte?

2. Was nehmen Sie als …
   ☐ Vorspeise?
   ☐ Vormittag?
   ☐ Voressen?

3. Ich wünsche Ihnen …
   ☐ guten Aperitif!
   ☐ guten Appetit!
   ☐ guten Hunger!

4. Möchten Sie einen Nachtisch?
   ☐ Ja, danke.
   ☐ Nein, danke.
   ☐ Und Sie?

5. Möchten Sie noch etwas?
   ☐ Nein, danke.
   ☐ Nein, bitte.
   ☐ Nein, oder?

6. Zahlen Sie …
   ☐ zu viel und getrennt?
   ☐ zusammen und getrennt?
   ☐ zusammen oder getrennt?

2 Hören Sie den Dialog und ergänzen Sie die Tabelle.

Hauptgerichte	Nachtische	Getränke	„Das macht …"

Guten Appetit! _____

Einkaufszettel, der, - _____

Brot, das, -e _____

Butter, die, * _____

Hähnchen, das, - _____

Thunfisch, der, * _____

Salat, der, -e _____

Tomate, die, -n _____

Zwiebel, die, -n _____

Banane, die, -n _____

Apfel, der, "- _____

Orange, die, -n _____

Kiwi, die, -s _____

Nudel, die, -n _____

Reis, der, -arten _____

Kilo(gramm), das, * _____

Kartoffel, die, -n _____

Dose, die, -n _____

Mais, der, -sorten _____

Kasten, der, "- _____

Wasser, das, "- _Pl. selten_ _____

Wein, der, -e _____

Sahne, die, * _____

Milch, die, * _____

Pfefferminztee, der, -s _____

Käse, der, -sorten _____

Kaugummi, der, -s _____

Keks, der, -e _____

sortieren _____

Getreide, das, - _____

Teigwaren, _Pl._ _____

Backware, die, -n _____

Süßigkeit, die, -en _____

Milchprodukt, das, -e _____

Fleisch, das, * _____

Fisch, der, -e _____

Getränk, das, -e _____

Verpackung, die, -en _____

Packung, die, -en _____

Netz, das, -e _____

Becher, der, - _____

Tüte, die, -n _____

Flasche, die, -n _____

Glas, das, "-er _____

Joghurt, der, -(s) _____

Erbse, die, -n _____

Marmelade, die, -n _____

müssen _____

Liter, der, - _____

Gramm, das, - _____

Pfund, das, -e _____

Situation, die, -en _____

Abendessen, das, - _____

werden _____

Geburtstagsparty, die, -s _____

Verwandte, der/die, -n _____

Fleischtheke, die, -en _____

Kiosk, der, -e _____

Getränkemarkt, der, "-e _____

Markt, der, "-e _____

Kunde/-in, der/die, -n/-nen _____

Gehacktes, *, * _____

Sonst noch etwas? _____

wünschen _____

außerdem _____

Darf es etwas mehr sein? _____

bisschen _____

kosten _____

wenig _____

Angebot, das, -e _____

Ich hätte gern ... _____

Wunsch, der, "-e _____

vorspielen _____

Vorschlag, der, "-e _____

Brötchen, das, - _____

Ananas, die, - _und_ -se _____

Preis, der, -e _____

Einkauf, der, "-e _____

Paprika, die, - *oder* -s _____

glauben _____

zurück _____

Danke, gleichfalls. _____

Aubergine, die, -n _____

Birne, die, -n _____

C

Grillfest, das, -e _____

wollen _____

dazugehören _____

Speise, die, -n _____

Garten, der, "- _____

grillen _____

Bohne, die, -n _____

schmecken _____

Stück, das, -e _____

Lammfleisch, das, * _____

selbst _____

aufpassen _____

heiß _____

satt _____

holen _____

Würstchen, das, - _____

Apfelsaft, der, "-e _____

kein … mehr _____

übrig _____

passieren _____

Kuchen, der, - _____

probieren _____

Tennis, das, * _____

D

Frühstück, das, * _____

Mittagessen, das, - _____

Imbiss, der, -e _____

Kantine, die, -n _____

Wurst, die, "-e _____

Toast, der, -s _____

Honig, der, * _____

Kakao, der, -sorten _____

Müsli, das, -s _____

Hunger, der, * _____

Spaghetti, *Pl.* _____

Tomatensauce, die, -n _____

Hühnchen, das, - _____

Nachtisch, der, * _____

Kleinigkeit, die, -en _____

Käseplatte, die, -n _____

Gurke, die, -n _____

Bier, das, -e _____

Früchtetee, der, -s _____

Mineralwasser, das, "- _____

Opa/Oma, der/die, -s/-s _____

Erdbeere, die, -n _____

E

Essen, das, - _____

typisch _____

Gericht, das, -e _____

Vorspeise, die, -n _____

Suppe, die, -n _____

Forelle, die, -n _____

bringen _____

trocken _____

bestellen _____

Gast, der, "-e _____

zahlen _____

getrennt _____

Trinkgeld, das, -er _____

Alles klar

Menge, die, -n _____

Schinken, der, - _____

Reihenfolge, die, -n _____

kontrollieren _____

Auf Wiedersehen! _____

kaputt _____

Projekt, das, -e _____

planen _____

Feier, die, -n _____

Spiel, das, -e _____

verteilen _____

Spaß, der, "-e _____

A1 Wie geht es Ihnen?

1 Lösen Sie das Bildkreuzworträtsel. 📖 78/3

2 Ergänzen Sie die Artikel im Singular und schreiben Sie die Wörter im Plural.

1. __der__ Bauch   __die Bäuche__   7. _____ Mund _____

2. _____ Finger _____   8. _____ Knie _____

3. _____ Hand _____   9. _____ Auge _____

4. _____ Nase _____   10. _____ Bein _____

5. _____ Ohr _____   11. _____ Kopf _____

6. _____ Fuß _____   12. _____ Schulter _____

3 Schauen Sie sich das Bild an. Was sagt Dafina? Es gibt mehrere Möglichkeiten. 📖 79/5

Ich habe _____ ,

_____ und

_____

_____ .

4 a) **Was passt? Ergänzen Sie den Dialog mit den Sätzen im Kasten.**

> Ja, ich gehe heute Nachmittag.   Danke, Lela.   Ich glaube, ich habe eine Erkältung.
>
> Ja, und mein Hals tut auch weh.   Ja, vielleicht. Mein Kopf ist ganz heiß.   Nicht so gut.

+ Hallo, Rahim. Wie geht's?   – _____

+ Was hast du denn?   – _____

+ Hast du Kopfschmerzen?   – _____

+ Vielleicht hast du Fieber.   – _____

+ Besser, du gehst zum Arzt.   – _____

+ Gute Besserung!   – _____

b) **Hören Sie den Dialog. Ist Ihre Lösung richtig?**

A2   Eine Entschuldigung für die Schule

1 **Ergänzen Sie den Brief mit den Satzteilen im Kasten.** 📖 80/4

> Mit freundlichen Grüßen   Tochter   Bitte entschuldigen   in die Schule
>
> Sie   Halsschmerzen   Sehr geehrter

Chemnitz, den 14.03.03

_____ *Herr Meyer,*

meine _____ *Kali kann leider heute nicht* _____

kommen. _____ *hat* _____ .

_____ *Sie das Fehlen von Kali.*

_____

Tale Noguchi

2 **Ergänzen Sie die Personalpronomen im Dativ.** 📖 81/9

1.

Nana:

Bringst du _____ ein Buch?

Frau Krawietz:

Ja, ich bringe _____ gleich ein Buch.

2.

Anna:

Nana ist krank. Schreiben wir _____ eine Karte?

Karla:

Gute Idee. Kennst du Stanislav? Wir können

_____ die Karte geben.

3.

Frau Krawietz:

Ich mache Nana und Stanislav einen Tee.

Kannst du _____ den Tee dann bringen?

Herr Krawietz:

Natürlich.

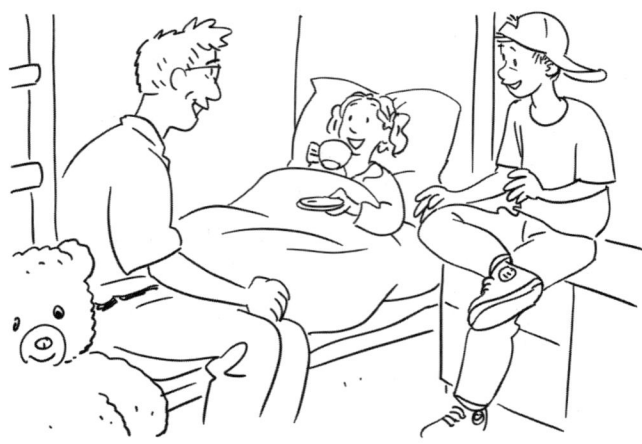

4.

Stanislav und Nana:

Papa, liest du _____ eine Geschichte vor?

Herr Krawietz:

Ich kann _____ heute Abend eine Geschichte
vorlesen.

3 **Was machen Sie? Antworten Sie wie im Beispiel.**

Beispiel: Ihre Tochter hat Bauchschmerzen. (Tee bringen) → Ich bringe ihr einen Tee.

1. Ihr Freund hat Kopfschmerzen. (Aspirin holen)

_____

2. Ihre Freundin hat Husten. (Hustensaft holen)

_____

3. Ihre Kinder haben die Masern. (Entschuldigung für die Schule schreiben)

_____

4. Ihre Mutter sagt: „Gibst du mir das Buch?" Sie sagen: „Ja, ich …"

_____

5. Ihre Töchter sind krank und fragen: „Bringst du uns Schokolade mit?" Sie antworten: „Ja, ich …"

_____

6. Ihr Mann / Ihre Frau liegt im Krankenhaus. (Blumen mitbringen)

_____

B1 Gesundheit in Deutschland

1 **Was passt? Kreuzen Sie an.** 📖 82/2

1. Sie gehen zum Arzt. Sie geben ihm …
   a) ☐ Ihren Pass.
   b) ☐ Ihre Versichertenkarte.
   c) ☐ ein Rezept.

2. Für viele Medikamente braucht man …
   a) ☐ ein Rezept.
   b) ☐ eine Krankschreibung.
   c) ☐ eine Versichertenkarte.

3. Sie brauchen Medikamente. Sie gehen zu …
   a) ☐ einer Apotheke.
   b) ☐ einer Krankenkasse.
   c) ☐ einem Drogeriemarkt.

4. Sie sind krank und können nicht arbeiten. Der Arzt gibt Ihnen …
   a) ☐ ein Medikament.
   b) ☐ eine Krankenkasse.
   c) ☐ eine Krankschreibung.

5. Sie müssen zu einem Facharzt gehen. Ihr Hausarzt gibt Ihnen …
   a) ☐ eine Telefonnummer.
   b) ☐ eine Kopie.
   c) ☐ eine Überweisung.

6. Sie haben eine Krankschreibung. Das Original schicken Sie …
   a) ☐ Ihrer Krankenkasse.
   b) ☐ Ihrem Arzt.
   c) ☐ Ihrem Arbeitgeber.

7. Sie sind krank und rufen Ihren Arzt an. Sie machen …
   a) ☐ einen Besuch.
   b) ☐ einen Termin.
   c) ☐ eine Überweisung.

2 Was passt zusammen? Verbinden und schreiben Sie. 📖 82/3

1. Telefon	stunde	*1. die Telefonnummer* _____
2. Fach	schmerzen	
3. Sprech	kasse	_____ _____
4. Krank	weisung	
5. Kranken	saft	_____ _____
6. Über	arzt	
7. Hals	zimmer	_____ _____
8. Warte	nummer	
9. Husten	schreibung	_____

B2 Ein Besuch beim Arzt

1 Herr Hosch ist krank. Er ist beim Arzt. Arbeiten Sie mit einem Partner / einer Partnerin und ergänzen Sie den Dialog. Es gibt mehrere Möglichkeiten. Spielen Sie ihn im Kurs. 📖 83/1

Guten Tag, _____ Doktor.

 _____ .

Was _____ ?

Ich habe _____ und

 _____ .

Machen Sie den _____ .

 _____ ein und aus.

Sie haben eine _____ .

Ich schreibe _____ für

 _____ .

Vielen Dank, Herr Doktor.

Ich brauche auch eine _____ .

Ich schreibe Sie für diese Woche krank.

 _____ .

Auf Wiedersehen, Herr Doktor.

 _____ .

2 Arbeiten Sie zu zweit. Sehen Sie sich die Bilder an. Was sollen die Patienten tun,
was dürfen sie nicht tun? Schreiben Sie Sätze. 📖 83/3

1.

Marek hat _____

Er soll _____

Er darf nicht _____

2.

Julia _____

_____

_____

3.

Herr Yurdseven _____

_____

_____

3 Fragen Sie Ihren Partner / Ihre Partnerin wie im Beispiel.

1. + Sie haben Kopfschmerzen. Was tun Sie? – Ich nehme Tabletten.
   + Und was tun Sie nicht? – Ich lese nicht.
2. + Ihnen tun die Augen weh. Was tun Sie? – Ich …
   + …

Was Sie haben / was Ihnen weh tut	Was Sie tun	Was Sie nicht tun
Zahnschmerzen	Tabletten nehmen	Alkohol trinken
Bauchschmerzen	zum Arzt/Augenarzt/Zahnarzt gehen	Sport treiben
Rückenschmerzen	Vitamin C nehmen	viel essen
die Augen tun weh	nichts essen	rauchen
die Füße tun weh	nichts tun	Kaffee trinken
Halsschmerzen	Tee trinken	spazieren gehen
Grippe	viel schlafen	arbeiten gehen
Husten	spazieren gehen	Freunde besuchen
Fieber	Suppe essen	Schokolade essen
Kopfschmerzen	Schokolade essen	lesen
	Krankengymnastik machen	Tabletten nehmen

4 **Schreiben Sie Sätze.**

1. ich – dürfen – am Samstag – Freunde – besuchen – ?

_____

2. ihr – sollen – viel – trinken

_____

3. du – dürfen – Auto fahren – ?

_____

4. wir – dürfen – hier – nicht – rauchen

_____

5. er – sollen – mehr – Sport treiben

_____

C1 **Das Krankenhaus**

1 **Ergänzen Sie die Artikel.** 📖 85/5

1. Herr Marks fährt mit _____*dem*_____ Auto zum Arzt.

2. Saed kommt aus _____ Iran.

3. Doreen Marks spricht mit _____ Krankenschwester.

4. Der Patient kommt aus _____ Wartezimmer.

5. Die Krankenschwester telefoniert mit _____ Arzt.

6. Frau Krawietz kommt aus _____ Küche.

7. Herr Krawietz kommt aus _____ Garten.

8. Stanislav fährt mit _____ Rad.

C2 Präpositionen mit Dativ

1 Ergänzen Sie die Präpositionen *aus, mit, nach, von* und *zu*. Vergessen Sie die Artikel nicht. 📖 86/3

1. Herr Marks fährt zum Arzt und dann _____ Krankenhaus.

2. Sie fährt jeden Tag _____ Auto _____ Arbeit.

3. Ich komme _____ Frankreich.

4. Wir fahren morgen _____ Freiburg.

5. Paul geht am Samstag _____ Feier von Maria.

6. _____ Essen sehen wir fern.

7. Mein Sohn kommt um 13.00 Uhr _____ Schule.

8. Die Eltern sprechen _____ Lehrerin.

9. Sie telefoniert _____ Arzt.

2 *Woher?, Wo?, Wohin?* Beantworten Sie die Fragen.

1. Wo ist Frau Krawietz? (Nana)

Sie ist bei Nana. _____

2. Woher kommt Herr Marks? (Krankenhaus)

_____

3. Wohin geht Stanislav? (Schule)

_____

4. Woher kommt Mustafa? (Türkei)

_____

5. Wohin geht Doreen? (Arzt)

_____

6. Wo ist Sabine? (Bäcker)

_____

7. Wohin fährt Herr Marks? (Arbeit)

_____

3 Schreiben Sie zehn
Sätze. 📖 86/4

Ich	telefonieren	aus	Stuttgart
Er	fahren	bei	Zug
Sie	sprechen	mit	Stunde
Wir	kommen	nach	Arbeit
Meine Freunde	sein	seit	Arzt
Rahim	warten	von	Bäcker
Lela	gehen	zu	Schule
			Libanon
			Türkei

1. *Ich fahre mit dem Zug.* _____

2. _____

3. _____

4. _____

5. _____

6. _____

7. _____

8. _____

9. _____

10. _____

4 Ergänzen Sie die Personalpronomen.

1. + Frau Fischer, wohnt Ihre Tochter noch bei Ihnen? – Ja, sie wohnt noch bei _____ .

2. + Fährst du mit Wolfram nach Dresden? – Ja, ich fahre morgen mit _____ nach Dresden.

3. + Sprichst du heute mit Ruth? – Ja, ich spreche heute mit _____ .

4. + Thomas, können wir mit _____ zum Fußballspiel fahren. – Ja, ihr könnt mit

_____ fahren.

5. + Gehst du mit _____ zum Arzt? – Ja, ich gehe mit _____ zum Arzt.

6. + Nana, spielst du mit dem Mädchen? – Ja, ich spiele mit _____ .

7. + Kommst du von Alex und Paula? – Ja, ich komme von _____ .

8. + Ist mein Sohn bei _____ , Herr Schmidt? – Ja, er ist bei _____ .

5 Ergänzen Sie die unbestimmten Artikel.

1. + Was machst du am Freitag? – Ich fahre mit _____ Freund nach Bremen.

2. + Wie geht es dir? – Nicht gut. Ich bin seit _____ Monat krank.

3. + Wo wohnt Heike jetzt? – Sie wohnt bei _____ Freundin in Rostock.

4. + Was machst du morgen? – Ich gehe zu _____ Feier.

5. + Wo ist Karl? – Er ist bei _____ Fußballspiel.

6. + Wartest du schon lange? – Ja, ich warte schon seit _____ Stunde.

D1 # Leben Sie gesund?

1 Ergänzen Sie die fehlenden Vokale und Artikel und ordnen Sie die Wörter thematisch zu. 📖 87/4

1. _die_ B e h a n d l u ng
2. _____ F __ __ b __ r
3. _____ S __ __ rt
4. _____ R __ z __ pt
5. _____ __ rk __ lt __ ng
6. _____ __ p __ r __ t __ __ n
7. _____ __ bs __
8. _____ V __ t __ m __ n
9. _____ Gr __ pp __
10. _____ V __ rs __ ch __ rt __ nk __ rt __

11. _____ G __ m __ s __
12. _____ __ b __ rw __ __ s __ ng
13. _____ M __ d __ k __ m __ nt
14. _____ Bl __ ndd __ rm __ ntz __ nd __ ng
15. _____ P __ t __ __ nt
16. _____ T __ rm __ n
17. _____ Kr __ nk __ nschw __ st __ r
18. _____ H __ st __ n
19. _____ Spr __ chz __ __ t
20. _____ M __ s __ rn

Krankheit	Beim Arzt / Im Krankenhaus	Gesundheit
	die Behandlung	

Gute Besserung! _____

A1

Kopf, der, "-e _____

Auge, das, -n _____

Nase, die, -n _____

Ohr, das, -en _____

Mund, der, "-er _____

Finger, der, - _____

Hals, der, "-e _____

Schulter, die, -n _____

Arm, der, -e _____

Hand, die, "-e _____

Brust, die, "-e _____

Bauch, der, "-e _____

Knie, das, - _____

Bein, das, -e _____

Fuß, der, "-e _____

tun _____

wehtun _____

Fieber, das, * _____

Rücken, der, - _____

Schmerz, der, -en _____

Körperteil, der, -e _____

Zahnschmerzen, Pl. _____

fühlen (sich) _____

krank _____

A2

Was ist los? _____

Mami, die, -s _____

messen _____

Schatz, der, "-e _____

natürlich _____

Teddy, der, -s _____

Masern, Pl. _____

Klassenlehrer/in, der/die, -/-nen _____

gleich _____

Fieberthermometer, das, - _____

Kinderkrankheit, die, -en _____

Sehr geehrter / Sehr _____

geehrte ... _____

freundlich _____

Mit freundlichen Grüßen _____

Gruß, der, "-e _____

entschuldigen _____

Bescheinigung, die, -en _____

schlafen _____

Suppe, die, -n _____

Wickel, der, - _____

Geschichte, die, -n _____

Medikament, das, -e _____

meistens _____

Verband, der, "-e _____

Grippe, die, -n _____

Hustensaft, der, "-e _____

B1

Gesundheit, die, * _____

Versichertenkarte, die, -n _____

Krankschreibung, die, -en _____

Original, das, -e _____

schicken _____

Krankenkasse, die, -n _____

Kopie, die, -n _____

Arbeitgeber/in, der/die, -/-nen _____

Hausarzt/-ärztin, der/die, "-e/-nen _____

Überweisung, die, -en _____

Facharzt/-ärztin, der/die, "-e/-nen _____

Rezept, das, -e _____

Apotheke, die, -n _____

Arztschild, das, -er _____

informieren (+ über etw.) _____

Sprechzeit, die, -en _____

Termin, der, -e _____

vereinbaren _____

Versicherung, die, -en _____

B2

Husten, der, * _____

müde _____

freimachen

Oberkörper, der, -

einatmen

ausatmen

Erkältung, die, -en

Tablette, die, -n

Kräutertee, der, -s

täglich

Löffel, der, -

Vitamin, das, -e

dürfen

rauchen

auf keinen Fall

Alkohol, der, -ika

Sport, der, -arten

Sport treiben

krankschreiben

Doktor/Doktorin, der/die,
-en/-nen

vorschlagen

sollen

stark

Prüfung, die, -en

Kiste, die, -n

tragen

zumachen

Krankengymnastik, die, *

C1

nächste, nächste, nächste

dort

operieren

Operation, die, -en

aufwachen

Narkose, die, -n

vorbei sein

lachen

weg sein

Blinddarm, der, "-e

Chefarzt/-ärztin, der/die,
"-e/-nen

Visite, die, -n

erklären

Behandlung, die, -en

plötzlich

Kollege/-in, der/die, -n/-nen

Blinddarmentzündung,
die, -en

Abschnitt, der, -e

achten (+ auf etw.)

C2

Angst, die, "-e

wohin

D

gesund

selten

nie

Treppe, die, -n

steigen

auswerten

Test, der, -s

Ergebnis, das, -se

Punktzahl, die, *

Punkt, der, -e

möglich

fit sein

Vorsicht, die, *

übertreiben

Pause, die, -n

diskutieren

Quatsch, der, *

wichtig

peinlich

Alles klar

umziehen

S-Bahn, die, -en

Kontrolle, die, -n

Patient/in, der/die, -en/
-nen

Abschied, der, -e

Chef/in, der/die, -s/-nen

Anhang

Hörtexte

Hier finden Sie alle Hörtexte, die nicht oder nicht vollständig im Arbeitsbuch abgedruckt sind.

1 Lektion — Willkommen in Deutschland!

A 1 – Guten Tag. Wie heißen Sie? – Grüß Gott! Wer sind Sie? – Hallo. Wer bist du?
– Guten Morgen. Sind Sie neu hier? – Hi! Wie heißt du?

A 5 Deutschland – Hallo – wohnen – Name – Guten Tag – heißen

C 6 a) und – heiße – Programmierer – Thomas – ich – Beruf – bin – von
b) jetzt – Mahmud – in – du – Schule – gehst – hallo – die

2 Lektion — Alte Heimat – Neue Heimat

B3 6
1. + Haben Sie ein Telefon? – Nein, ich habe kein Telefon.
2. + Ist das Tamara? – Ja, das ist sie.
3. + Was machst du? – Ich lerne Deutsch.
4. + Wie geht es Ihnen? – Danke, gut.
5. + Brauchst du Hilfe? – Ja, ich brauche Hilfe.
6. + Wen siehst du? – Ich sehe das Kind.

C1 2 eins – zwei – vier – sechs – sieben – acht – zehn

3 Lektion — Wohnen in Deutschland

A2 3 Familie Simonov wohnt in Bochum. Die Wohnung hat vier Zimmer: ein Schlafzimmer, ein Wohnzimmer und zwei Kinderzimmer. Die Wohnung liegt im Erdgeschoss und hat 110 qm. Sie kostet 630 Euro. Die Nebenkosten von 180 Euro kommen noch dazu.

E 2 + Das ist meine Familie.
– Wer ist das?
+ Das ist Thomas, mein Mann.
– Und der andere Mann?
+ Das ist Uwe, mein Schwager.
– Wo sind eure Kinder?
+ Hier. Das sind unsere Töchter Lena und Laura.
– Und wer ist das? Deine Mutter?
+ Ja, das ist meine Mutter. Sie ist 65. Und das hier, das ist mein Vater.

F 2 München hat die Vorwahlnummer 089.

Frankfurt am Main hat die Vorwahlnummer 069.

Köln hat die Vorwahlnummer 0221.

Stuttgart hat die Vorwahlnummer 0711.

Leipzig hat die Vorwahlnummer 0341.

Hamburg hat die Vorwahlnummer 040.

Berlin hat die Vorwahlnummer 030.

Dresden hat die Vorwahlnummer 0351.

F 3 a)

Lisha:

Ich heiße Lisha. Ich bin im Jahre 1965 in Katmandu geboren. Das ist die Hauptstadt von Nepal.
Ich lebe seit 1996 in Deutschland. Meine Heimatstadt hat ungefähr 500 000 Einwohner.

Osman:

Ich bin 1986 in Berlin geboren. Aber meine Eltern kommen aus der Türkei.
Berlin hat ca. 3,3 Millionen Einwohner.

Michail:

Ich bin 1928 in Bukarest geboren. Ich bin seit, Moment, ja seit 1963 in Deutschland.
Meine Heimatstadt hat heute gut 2 Millionen Einwohner.

Lydia:

Ich bin Lydia. Ich komme aus Sankt Petersburg, da bin ich auch geboren, 1972.
Ich bin seit 1998 in Deutschland. Meine Heimatstadt hat 4,6 Millionen Einwohner.

Lektion
4 Mein Tag, meine Woche

A1 2 a)

1. Peter: Mein Hobby? Ich spiele gern Fußball.
2. Herr Martin: Ich habe keine Familie. Ich esse gern im Restaurant. Heute gehe ich auch wieder essen.
3. Birgit: Ich lese gern und viel. Am Wochenende gehe ich in mein Zimmer und lese stundenlang.
4. Familie Schulz: Wir spielen gern zusammen. Am Wochenende sitzt die Familie zusammen und spielt
   Karten oder „Mensch ärgere dich nicht". Das ist toll.

D1 3 b)

Beamter: Guten Tag. Was kann ich für Sie tun?

Kunde: Einmal Berlin – München, bitte.

Beamter: Hin und zurück? Und wann möchten Sie fahren?

Kunde: Nur hin. Morgen Nachmittag, bitte.

Beamter: Morgen? Dann bekommen Sie 10 % Rabbatt. Es gibt einen ICE um 15:41 Uhr.
Er kommt um 22:15 Uhr an.

Kunde: Das ist gut. Muss ich umsteigen?

Beamter: Nein, der Zug fährt direkt. Haben Sie eine Bahncard?

Kunde: Nein, leider nicht.

Beamter: Ja, das macht dann 99 Euro. Zahlen Sie bar oder mit Kreditkarte?

Kunde: Bar.

Beamter: Bitte, einen Euro zurück. Gute Fahrt!

Kunde: Danke. Auf Wiedersehen!

Lektion 5 Guten Appetit!

B 1 Dialog 1:

+ Was kann ich für Sie tun?
− Ich hätte gern 200 g Schinken.
+ Gehacktes ist heute im Angebot. Das Kilo nur 2 Euro 49.
− Gut, geben Sie mir noch 500 g Gehacktes.

Dialog 2:

+ Guten Tag. Was darf es sein?
− Haben Sie Kiwis?
+ Natürlich, drei Kiwis kosten nur 99 Cent.
− Dann geben Sie mir bitte drei.

Dialog 3:

+ Ja, bitte?
− Eine „Süddeutsche Zeitung", bitte.
+ Sonst noch etwas?
− Eine Dose Cola. Kalt, bitte!
+ Eine Zeitung, eine Cola. Ist das alles?
− Ja, das ist alles.

E1 2

Georg: Frau Ober! Wir möchten bitte bezahlen.
Kellnerin: Zusammen oder getrennt?
Georg: Zusammen! Ich bezahle alles.
Thomas: Nein, Georg. Das ist zu viel!
Georg: Heute Abend ich, Thomas, und das nächste Mal du, ja?
Friedrich: Bitte, nicht schon wieder! Am besten jeder zahlt allein.
Thomas: Friedrich hat Recht, Georg. Jeder zahlt sein Essen selbst.
Georg: Na gut!
Kellnerin: Entschuldigung …! Ich kann auch später wieder kommen.
Thomas: Nein, vielen Dank! Ich glaube, wir sind so weit. Also, ich zahle eine Zwiebelsuppe,
ein Schnitzel, zwei Glas Bier und eine Tasse Kaffee.
Kellnerin: Das macht 23 Euro 70 bitte.
Thomas: Hier bitte sehr, das stimmt so!
Kellnerin: Vielen Dank!
Georg: Ich hatte eine Pizza und … hm … einen Obstsalat mit Sahne, dazu zwei Mineralwasser.
Kellnerin: Das macht … genau 14 Euro 10 bitte.
Georg: Fünfzehn! Der Rest ist für Sie.
Kellnerin: Vielen Dank … Dann bleiben die Forelle, ein Glas Wein, eine Schokoladenkrem
und … ein Kaffee. Das macht 21 Euro 50 für Sie.
Friedrich: Bitte sehr! Stimmt so.
Kellnerin: Vielen Dank und noch einen schönen Abend!

Lektion 6 Gute Besserung!

A1 4 b)

Lela: Hallo Rahim, wie geht's?
Rahim: Nicht so gut.
Lela: Was hast du denn?
Rahim: Ich glaube, ich habe eine Erkältung.
Lela: Hast du Kopfschmerzen?
Rahim: Ja, und mein Hals tut auch weh.

Lela: Vielleicht hast du Fieber.
Rahim: Ja, vielleicht. Mein Kopf ist ganz heiß.
Lela: Besser, du gehst zum Arzt.
Rahim: Ja, ich gehe heute Nachmittag.
Lela: Gute Besserung!
Rahim: Danke, Lela.